관세평가예제

박형래

도서출판
청람

| 머리말 |

본서는 그동안 본인이 관세평가 업무와 관련한 정부기관에서 활동하면서 또한 강릉원주대학교 무역학과에서 관세와 무역에 관한 다양한 내용을 강의해오면서, 특히 관세사 시험을 준비하는 준비생이 쉽게 이해할 수 있는 예제의 중요성을 생각하여 관세평가예제라는 이름으로 본서를 발간하게 되었다.

관세평가는 각종 거래내역 및 가산요소, 공제요소 등을 고려하여 수입물품에 부과할 관세가격을 결정하는 과정이나 절차를 말한다. 관세를 부과하려면 과세물건이 있어야 하고, 부과된 관세에 납입 부담을 지는 납세의무자가 있어야 하며, 적정한 관세를 계산하는 데 필요한 세율과 과세표준이 있어야 한다. 이를 관세부과의 4대 요건이라 한다. 이 요건 중에서 관세평가의 핵심은 세율과 과세표준이다.

그러나 세율은 이미 국제적 협약으로 정의된 상품분류에 따라 입법절차를 거쳐 확정되어 있다. 반면, 과세표준은 통관과정에서 매번 개별 과세물건에 적정한 금액이 평가되어야 한다. 예를 들어, 외국에서 수입된 자동차의 경우, 세관에서는 자동차에 관세를 부과할 수 있도록 과세표준을 정한다. 관세법에 의하면 관세의 과세표준은 수입물품의 가격 또는 수량이므로 관세를 부과하기 위해서는 자동차의 가격이나 수량에 의해 결정된다. 그러나 수량을 과세표준으로 하는 경우는 극히 드물기 때문에 일반적으로 관세평가라고 할 때는 과세표준인 가격을 결정하는 경우를 지칭한다.

그런데 관세평가는 국제 간에 이루어지는 수출입물품을 거래하는 특수성 때문에 무역 관련법 이외에도 조세관련법까지 그 범위가 매우 넓고 복잡하며, 유사한 사례라도 국제규범과 국내법, 과세관청과 납세자 간의 관점에 따라 다를 수 있어 사법부나 행정심판을 거쳐 판례, 행정 심판례 등의 사례에 근거하여 평가하는 경우가 대부분이다. 이러므로 관세행정 중에서도 관세평가는 가장 어렵고 난해한 분야 중의 하나이다. 왜냐하면 하나의 사건이 아니라 수출입과정에서 다양하고 복잡하게 얽혀있는 거래관계의 전후를 파악하여 이러한 사실관계가 국내외에서 규정하고 있는 다양한 법규와 규범과의 일치성을 고려하여 과세가격을 정해야 하기 때문이다.

필자는 30년 이상 국무총리실 조세심판원, 기획재정부 세제실, 관세청의 각종 관세행정에 참여하면서 관세청의 과세가격결정과 과세처분의 심판결정에 큰 관심을 갖게 되었으며, 이를 계기로 2010년부터 한국관세무역개발원에서 발간하는 계간 「관세와 무역」에 오랫동안 관세사시험에 대비한 관세법 및 관세평가 예상문제를 연재하여 왔다.

본서에서 다루는 관세평가예제는 관세와 무역 전문잡지에 연재한 내용을 기초로 하되 우선 관세평가에 대한 국제규범을 먼저 소개하였다. 국제규범은 국제기구에서 어떤 과정을 거쳐 현재의 WTO 관세평가협정이 마련되었는가를 살펴보았다. 여기에는 GATT 관세평가협정 이전 유럽에서 논의된 브뤼셀평가협약의 기본원칙과 주요 내용, GATT의 관세평가규정, WTO 평가협정, WTO 관세평가위원회의 결정사항, WCO 관세평가기술위원회의 정보 및 제언 사항들을 순차적으로 소개하였다. 아울러 관세평가이론을 기초로 하여 관세평가를 공부하거나 관세사 시험을 준비하는 준비생이 쉽게 이해할 수 있도록 수출입과정에서 실제 발생하는 사건을 기초로 하여 실제 과세가격을 산정하기 위한 공제 및 가산요소들이 어떻게 적용되어야 하는지를 예시하였다. 이에 대한 구체적 내용으로서는 과세가격의 기초가 되는 국내에서 판매한 총판매량을 결정해야 할 경우 과세를 위한 총판매량을 어떻게 인정하는가에서부터 관세평가 1방법부터 6방법까지 국제거래에서 발생할 수 있는 과세가격결정의 문제를 각 방법별 최소한 하나의 예제를 소개하였다. 이와 함께 본서에는 과세가격을 산정하기 위한 결론도 중요하지만 과세가격을 결정하는 과정에서 관세법상의 과세근거, WTO 관세평가협정상의 과세근거, 평가위원회의 결정사항에서 규정하고 있는 과세가격결정 규정의 근거를 제시하였다.

끝으로 관세평가의 영역이 관세행정에서도 너무 전문적이고 난해한 부분이어서 생각보다 많은 노력과 지혜를 필요로 하는 작업이나 본 예제서를 만들고 보니 여러 면에서 부족하고 빈약한 책이 되었음을 느낀다. 하지만 관세평가를 쉽게 이해하기 위한 관세평가예제로서 첫 출발을 하였고 앞으로 지속적인 개정과 예시의 보완을 통해 이러한 점은 보충해 나가고자 한다. 이 책이 나오기까지 도움을 주신 도서출판 청람의 이수영 사장님과 내 젊음과 청춘을 함께한 강릉원주대학 무역학과 학생들에게 감사의 인사를 전한다.

2020년 3월

저자 씀

| 차 례 |

Part 2 | 관세평가예제

Part 01

관세평가의 국제규범

1. 관세평가제도의 의의

관세평가(customs valuation)란 수입상품의 과세가격을 결정하는 일련의 절차나 방법을 의미한다. 관세액을 책정하는 데 기준이 되는 것은 관세율과 과세가격(과세표준)이므로 과세가격의 적정한 평가는 관세의 적정한 부과와 직결된다. 관세의 적정한 부과를 위해서는 먼저 수입물품에 대한 과세가격이 정확하게 포착되어야 하므로 과세가격을 제2의 관세율이라고도 한다.

관세제도는 국가적으로 관세의 징수를 통한 재정수입의 확보와 함께 국내산업을 보호하는 산업정책적인 기능을 가지고 있다. 반면에 외국수출자의 입장에서는 관세는 넘어야 하는 무역장벽이기 때문에 가급적 과세가격이 낮게 책정되기를 원한다. 관세평가제도는 일부 개발도상국에서와 같이 관세수입이 국가재정수입에서 중요한 비중을 차지하는 경우에는 국가경제에 매우 큰 중요성을 가지며, 또 관세당국이 고액의 관세가 부과되도록 하는 경우는 하나의 보호무역장벽으로 이용될 수 있다.

한 국가의 수입상품의 과세가격이 저평가될 경우 국가의 관세수입이 감소하게 되며, 관세부담이 적어짐으로써 수입상품의 경쟁력을 향상시켜 국내산업에 나쁜 영향을 주게 된다. 반면에 과세가격이 고평가될 경우 수입자의 부담을 가중시켜 수입을 저지하는 효과를 주고, 관세수입이 증가할 수 있다. 이렇듯 과세가격의 평가를 달리함에 따라 당사자들의 이해관계가 달라지지만 전체적인 측면에서 보면 국제적인 차원에서뿐만 아니라 개별국가의 차원에서도 부정적인 영향이 더 많다. 고평가든 저평가든 어느 경우에나 시장의 왜곡을 초래하고, 불공정한 무역이 되며, 수입자에 의한 국제이전가격조작을 통한 조세회피를 할 수 있는 여지를 제공할 수 있는 것이다. 따라서 각국에 의한 관세평가방법의 독자성을 존중하면서도 관세평가가 관세양허의 효과를 저해하지 않고 국제무역장벽이 되지 않도록 합리적이고, 객관적이며, 그리고 통일성 있는 관세평가제도를 위한 국제규범을 확립할 필요성이 있다.

관세평가협정은 동경라운드에서 체결된 9개 다자간 무역협정 중 하나로서 1981년 1월 1일 발효되었으며, 우리나라는 1981년 1월 6일에 가입하였다. WTO 관세평가협정은 기존의 관세평가협정은 일부 GATT 회원국만이 가입하고 있던 복수국 간 협정으로서의 한계점을 지니고 있어 동 협정 적용대상을 확대시킬 필요성에 의해 우루과이라운드 협상 결과로 체계화되었다.

2. 관세평가제도 제정을 위한 국제적 논의

1) 국제연맹 및 국제연합에서의 협의

범세계적으로 객관적이고 중립적인 관세평가제도를 제정하여 운용하고자 하는 움직임에 대하여 가장 먼저 그리고 적극적인 후견적인 역할을 하였던 국제적인 조직체는 국제연맹(the League of Nation)이었다. 국제연맹의 후원 아래 국제무역업계는 1927년 1930년 두 차례에 걸쳐 국제무역의 자유화를 위한 국제회의를 개최하여 몇몇 국가의 자의적이고 불공정한 관세평가제도에 대한 개선을 시도하였다. 그러나 국제연맹 자체가 지니고 있었던 결속력과 지도력의 한계 때문에 이러한 시도들은 관세평가에 관하여 문제를 제기하고 이것을 국제적 관심사항으로 부각시키는 것 이상의 효과를 거두지는 못하였다. 그러나 비록 문제제기 이상의 큰 결실을 못하였다고는 하지만, 어쨌든 이러한 시도들을 계기로 하여 보다 객관적이고 중립적이며 범국제적으로 공정하게 운용될 수 있는 관세평가제도를 구축하고자 하는 하는 자유무역주의자들의 시도와 노력은 보다 더 조직화되고 활성화될 수 있었다.

불안정하고 자의적이라는 비판을 받고 있던 종래의 관세평가제도를 범국제적으로 규제하고, 보다 객관성 있고 공정한 새로운 관세평가제도를 마련하고자 하는 새로운 시도는 제2차 세계대전 이후 새로운 국제질서의 조정자 역할을 주도한 국제연합(the United Nations)에 의하여 점차 그 결실을 맺게 되었다. 1947년 스위스 제네바에서 개최된 "무역 및 고용에 대한 UN회의"(the United Nations Conference on Trade and Employment)에서는 동 회의에서 거론된 여러 가지 의제 중 하나로 「관세평가제도에 관한 몇 가지 기본원칙」에 대하여 국제적 합의를 도출해내기에 이르렀다. 이 회의에서의 결론은 그 후 "관세와 무역에 관한 일반협정"(General Agreement on Trade and Tariff) 제7조에 구체적으로 명시되게 되었으며, 그 후 국제적 관세평가제도가 지향해야 하는 중요한 일반적 기본원칙으로 자리매김하게 되었다.

그러나 이러한 국제적인 합의도 그 내용을 살펴보면 관세평가에 적용해야 할 일반적인 원칙들을 제시하는 정도에 불과하여 각국 정부가 관세평가제도를 구체적으로 제정 운용함에 있어 지켜야 할 가이드라인을 제시하는 수준에 그치는 정도였지, 국제적으로 모든 나라에 대하여 구속력과 강제력을 가지고 통일적으로 적용될 수 있는 국제규범으로서의 관세평가제도를 제정한 것은 아니었다.

2) 유럽관세동맹에서의 협의

(1) 유럽관세동맹의 관세평가제도 연구

앞에서 설명한 UN과 GATT체제에서의 국제적 관세평가제도의 정립 시도와 더불어 국제규범으로서의 관세평가제도를 구축하려는 또 다른 시도와 노력이 1947년 브뤼셀에서 조직된 유럽관세동맹연구소(The European Customs Union Study Group)에 의하여 추진되었다. 이 연구단은 유럽관세동맹(The European Customs Union)에서 관세평가의 기본 틀로서 사용하기 위한 "가격(Value)"에 대한 개념과 정의를 마련하고, 그러한 정의가 실질적으로 적용될 수 있도록 하기 위한 구체적인 작업을 수행하기 위하여 관세위원회(Customs Committee)와 평가소위원회(Valuation Sub-Committee)를 구성하여 기술적인 작업을 담당하도록 하여 관세동맹에서 사용할 CIF(운임/보험료 포함가격)의 평가정의와 이 평가정의를 적용할 방법과 절차를 연구하도록 하였다. 이들은 이 작업을 시작하기 전에 GATT 제7조의 일반원칙을 구체화하기 위해서는 이를 정밀하게 적용할 수 있는 단일의 평가개념을 정립할 필요가 있다는 점을 인식하고 이를 위해 우선 다음과 같은 9개항의 "브뤼셀평가원칙"을 1947년 중반에 작성하게 된다.

「유럽관세동맹연구소에서 작성한 브뤼셀 평가원칙」

- 원칙1: 과세가격의 개념은 상관례에 어긋나지 않는 공평하고 단순한 원칙에 기초를 두고 결정되어야 한다.
- 원칙2: 과세가격의 개념은 세관공무원은 물론 수입자도 쉽게 이해할 수 있는 것이어야 한다.
- 원칙3: 관세평가제도가 물품의 신속한 통관을 저해하여서는 아니 된다.
- 원칙4: 관세평가제도는 무역업자가 사전에 어느 정도의 합리성을 가지고 미리 과세가격을 추정할 수 있도록 되어야 한다.
- 원칙5: 평가제도는 저가신고, 허위 및 기타방법에 의하여 야기되는 불공정경쟁으로부터 선의의 수입업자를 보호하는 것이어야 한다.

• 원칙6: 세관당국은 신고가격이 부정확하다고 생각할 경우 과세가격 결정 및 시행에 필요한 제 요인의 검증을 신속하고 정확하게 행하여야 한다.
• 원칙7: 관세평가는 가능한 한 상업적 서류를 토대로 하여 행하여져야 한다.
• 원칙8: 관세평가제도는 가능한 한 형식상의 절차를 최소한으로 간소화하여야 한다.
• 원칙9: 수입자와 세관당국 간의 소송절차는 단순 · 신속 · 공평 · 불편부당하여야 한다.

이상의 9가지 원칙은 비록 구조는 다르다 할지라도 임의적이며 가공적인 가격을 사용하지 못하도록 하면서 평가제도의 안정성과 투명성을 요구하고 있는 GATT 제7조에서의 관세평가의 일반원칙을 전부 포함하고 있었다. 브뤼셀 평가원칙의 기본적인 기조는 "단순성과 신속성"이라고 요약할 수 있는데, 이는 세관당국이나 무역업자 모두에게 공히 중요한 것이었다. 그러나 관련 법규의 적절한 적용을 확보해야 한다는 견지에서나, 나아가서는 일반적으로 각각의 특수거래를 누구에게나 적용할 수 있는 관세평가기준으로 귀일시키는 데 있어서 공정을 기하여야 한다는 견지에서나, 이러한 "단순성과 신속성"이라는 목표 때문에 세관의 평가행정의 기능과 책임을 약화시킬 수는 없다는 점 또한 간과할 수 없는 또 하나의 중요한 고려요소였다. 이 연구단은 1949년 중반에 이르러 "가격(value)에 관한 개념정의(definition)"를 완성하였는데, 이 정의는 앞에서 언급한 GATT 제7조에 규정된 일반적 기본원칙에 기반을 둔 것이었다. 이 정의를 적용하기를 희망하는 국가에 대하여는 어떠한 국가에서도 이를 사용할 수 있도록 보완된 후 「관세목적을 위한 상품의 평가에 관한 협정(일명, 브뤼셀평가협약: The Convention on the Valuation of Good for Customs Purpose)」에 부속서의 형태로 합체되었으며, 동 협정은 1950년 12월 15일에 브뤼셀에서 서명되어 1953년 7월 28일부터 발효되었다. 곧 이 협약의 부속서로 첨부된 가격의 정의가 소위 말하는 "브뤼셀평가정의(BDV: The Brussels Definition of Value)"이다. 이 협약은 1981년에 「GATT 신 평가협정(주: 오늘날의 WTO평가협정)」이 등장하기 전까지 관세평가분야에서 많은 국가들에 대하여 국제규범으로 받아들여져 운용되었던 유일한 관세평가협약이었다. 아래에서는 관세평가에 관한 일반적인 이해를 돕기 위하여 브뤼셀평가협약에 대하여 개괄적인 설명을 하고자 한다.

(2) 브뤼셀평가협약

① 브뤼셀평가협약에서의 관세의 과세가격 개념

관세의 과세가격에 대하여 브뤼셀평가협약은 동 협약 부속서(평가정의) 제1조에서 "국내소비를 위하여 수입하는 종가세 물품의 과세가격은 정상가격(normal price)에 의한다. 정상가격이란 관세가 부과되는 때에 공개경쟁시장에서 상호 독립한 판매자와 구매자 간의 거래가격을 말한다"라고 정의하고 있다. 여기에서 우리는 "정상가격"이라는 개념에 유의할 필요가 있다. 이 정상가격이라는 가격개념은 브뤼셀평가협약의 특징을 가장 압축시켜 표현해주는 키워드라고 할 수 있다. 이 세상에서 형성되는 수많은 유형의 상거래에 있어서 거래가격의 성립과정을 면밀히 살펴보면 그 가격을 결정하는 데 있어서는 중요한 역할을 하는 몇 가지 요소가 있었음을 우리는 알 수 있게 된다. 곧 시장형태, 시간, 상품의 인도장소, 거래수량, 대금의 지급조건, 판매자와 구매자 간 역학관계 등이 바로 그것들이다. 반면에, 상거래의 거래당사자가 아닌 제3자적인 위치에 있는 세관당국의 입장에서는 과세권을 발동함에 있어서는 가능하면 모든 납세자들을 법률적으로 공평하게 대우해야 할 필요가 있다. 예컨대, 동일한 지주회사에 의하여 지배받고 있는 회사들이 서로 구매자와 판매자로서의 위치에 있다는 이유만으로 그렇지 않은 다른 회사의 거래에 비하여 보다 저렴한 수준에서 거래가격이 형성되게 되는 경우에 대하여 세관당국이 종가세의 과세표준을 결정함에 있어 당해 있지 않았기 때문에 이보다 높은 가격으로 구매한 수입자는 상대적으로 높게 형성된 거래가격의 측면과 납부해야할 관세의 양 측면에서 불리한 경쟁을 하게 되는 결과가 된다.

바로 이러한 점에 초점을 맞추어 브뤼셀평가정의에서는 관세평가대상이 되는 물품이 일정한 특정 조건(예컨대, 상호 독립된 판매자와 구매자간의 거래 등)하에서라면 의당 그렇게 형성될 수박에 없는 가격을 관념적 · 추상적으로 상정해 놓고, 이를 관세평가시의 과세가격으로 채택하도록 하였던 것이다. 여기서 우리는 관세의 과세가격으로서 채택할 수 있는 두 가지 개념의 가격을 유추해낼 수 있게 된다. 하나는 바로 위에서 언급한 브뤼셀평가정의와 같은 "관념적 개념(notional concept)"의 가격개념, 즉 "실증적 개념(positive concept)의 가격개념)"이 바로 그것이다.

후자의 가격개념에 입각한 관세평가제도가 오늘날 우리나라를 위시한 대부분의 나라가 채택하고 있는 WTO평가협정상의 관세평가제도이다. 양 가격개념의 차이를 간단하게 정리한다면 GATT 제7조에서 관세의 과세가격으로 규정하고 있는 실제가격(actual value)의 개념을 전자(브뤼셀평가정의)는 그 상품이 그 가격에 판매되는 것이 마땅한 가격이라는 상당히 관념적이고 추상적이며 다소 비현실적인 개념으로 파악하고 있는데 비하여, 후자(WTO평가협정상의 관세평가제도)는 시장에서 실제 발생하고 있는 사실을 있는 그대로 반영하고자 하는 지극히 현실적인 개념으로 파악하고 있다는 점이다.

브뤼셀평가협정에서와 같이 일정한 조건과 상황 아래에서 상품이 판매된다고 가정을 하고서 그러한 상황에서 형성되는 가격을 과세가격으로 책정하도록 하는 것은 경우에 따라서는 실제로 형성된 가격을 포착하기 어려운 경우나, 실제로 판매된 가격이 현실적으로는 존재하지 않는 경우 등에 있어서는 매우 유용한 평가방법이 될 수 있다. 그럼에도 불구하고 브뤼셀협약이 국제적 관세평가제도로서 기능함에 있어서 가졌던 가장 큰 실무집행상의 취약점은 브뤼셀 평가협약이 여러 가지 유형의 거래가격 가운데에서도 CIF가격에 입각하여 평가정의를 하고 있었기 때문에 관세의 과세가격 결정과 관련하여 전통적으로 FOB주의를 채택하고 있었던 미국, 캐나다 등 국제무역의 강국들이 동 협약을 채택하지 않았다는 점이었다.

② 브뤼셀평가정의의 주요 내용

앞에서 설명한 바와 같이 브뤼셀평가정의에서는 상호 독립한 구매자와 판매자가 국경에서 만나 물품과 거래대금을 교환하는 것 이외에는 아무런 거래상의 조건이 없는 경우에 성립할 수밖에 없는 관념적인 가격을 과세가격으로 책정할 것을 제시하고 있는바, 이를 구체적으로 설명하면 다음과 같다.

첫째, 이러한 가격은 공개경쟁시장에서 성립한 가격이어야 한다. 따라서 구매자와 판매자가 상호 독립적인 관계에 있지 아니하고 독점적인 계약관계에 있다든지, 서로 자본적으로 연계되어 있는 경우 또는 수입 후 사후 귀속이익이 있거나 특허권 등의 사용료를 별도로 지불하여야 하는 겨우 등 거래물품과 대금이 완전하게 교환되는 상태가 아닌 경우에 있어서의 가격은 브뤼셀평가정의상의 과세가격으로서 요건을 갖춘 가격이 아니다.

둘째, 가격이 성립되는 시기는 관세가 부과되는 때(the time when the duty become payable)를 기준으로 한다. 물품의 가격은 시간이 흐

름에 따라 변동하는 것이며 계약시점에서의 가격, 수입신고시점에서의 가격, 수입면허시점에서의 가격이 서로 달라질 수 있는바, 브뤼셀평가정의에서는 관세가 부과되는 시점에서의 가격을 과세가격으로 하도록 한 것이다(브뤼셀평가정의 제1조 제1항). 이는 일단 수입신고가 이루어지게 되면 세관으로서는 언제든지 관세를 부과징수할 수 있는 상태가 된다는 점을 고려했던 것으로 생각된다. 어쨌든 이러한 정의의 따라 만약 어떤 물품이 계약 후 수입시점까지에 가격변동이 발생하게 되면 이 물품의 과세가격은 변동된 가격을 과세가격의 기초로 하여야 한다.

셋째, 물품이 수입되는 지점에서 수입자/구매자에게 인도하는 조건(즉, GIF조건)의 가격이어야 한다. 거래과정에서 형성되는 물품의 가격은 여러 가지 요인과 조건에 따라 달라지며, 따라서 물품을 제조하는 현장인 공장에서 인도하는 경우의 가격이 가장 저렴할 것이며, 이후 수출항에서의 인도가격, 수입항에서의 인도가격 등 최종소비자에게 가까이 다가가게 될수록 운임/보험료/각종 취급수수료/제세 및 공과금 등의 제반 비용이 추가되게 될 것이므로 거래가격은 점점 높아지게 될 것이다. 브뤼셀평가정의 제1조 제2항에서는 수입물품의 과세가격인 정상가격은 당해 물품이 수입항구 또는 수입지점에서 구매된다는 것을 가정해야 하며, 판매자는 당해 물품의 판매와 당해 물품을 수입항구 또는 수입지점에서 인도하는 데 소요되는 모든 원가 및 비용 등을 부담하고 이들 비용들은 정상가격에 포함된다는 가정, 그리고 수입국 내에서 부과되는 관세 및 내국세는 구매자가 부담하고 이것들은 정상가격에 포함되지 않는다는 가정 아래에서 결정되어야 한다고 규정함으로써 수입항구 또는 수입지점에서의 가격을 과세가격으로 해야 한다는 점을 명확히 하고 있다. 따라서 브뤼셀평가정의에서는 수입항구 또는 수입지점까지의 운임이나 보험료 등이 포함되지 않은 경우에는 이를 별도로 계산하여 가산하여야 한다.

넷째, 거래단계와 거래수량을 기준으로 가격에 차등이 발생하는 경우에는 그러한 차이가 누구에게나 무차별적으로 허용되고 또한 그러한 차이가 상업적 관례에 부합되는 것이어야만 이를 인정받을 수 있다. 따라서 특정 고객에게만 배려되는 할인이나 대금의 선지불로 인한 할인 또는 견본할인 등은 인정되지 않는다. 브뤼셀평가정의에서는 거래수준(거래단계)에 대하여는 특별한 언급을 하지 않았다. 그러나 브뤼셀평가정의에 대한 해설서에서는 "거래수준은 관세평가시에 고려되어야만 하며, 이 거래수준은 평가대상 물품의 수입환경과 실제를 고려하여 결정되어야 한다"고 해설하고 있어 거래수준의 차이에 따른 가격의 차이는 허용되어야 하는 것으로 판단하고 있다.

③ 브뤼셀평가정의에 의한 과세가격의 결정방법

브뤼셀평가정의에 따라 과세가격을 결정하는 방법은 크게 두 가지로 대별할 수 있다. 하나는 수입거래가격을 기초로 하는 것이고, 다른 하나는 수입거래가 아닌 다른 사실에 기초를 두는 경우가 그것이다. 먼저 당해 수입거래가격을 기초로 과세가격을 결정하기 위해서는 당해 수입물품의 거래가 브뤼셀평가정의에서 상정하고 있는 정상거래의 요건에 부합되어야 한다. 그런데 현실의 거래에서는 이러한 요건을 모두 구비하는 것은 사실상 어려울 것이므로 이러한 요건을 갖추지 못한 거래에 대하여는 그 차이를 야기시킨 거래환경을 고려하여 필요한 조정을 하도록 하고 있다(브뤼셀평가정의 제1조에 대한 주해5 (나)), 이러한 조정은 특히 운임이나 보험료 등의 기타 경비, 가격할인이 있는 경우 또는 기타의 요인에 의해 감가를 하게 되는 경우에 적용되게 된다.

다음으로 당해 수입거래의 가격을 과세가격 결정의 기초로 할 수 없는 경우에 있어서의 평가방법은 당해 수입물품과 동일 또는 유사한 물품의 과세가격을 기초로 하는 방법, 당해 수입물품을 수입국 내에서 판매한 가격에서 수입을 하기 위하여 소요된 비용을 공제하여 산출하는 방법, 감가

상각, 내용연수 등을 고려하여 이론적인 가격을 산출하는 방법 등이 있다. 당해 수입거래의 가격을 관세가격 결정의 기초로 할 수 없는 경우라 함은 대리점 또는 지점에서 수입하는 경우, 독점판매권자가 수입하는 경우, 이윤과 손실을 공동으로 분담하는 경우들과 같이 구매자와 판매자가 서로 특수한 관계에 있는 경우와, 기증되어 수입되는 물품이나 임차수입물품 등과 같이 매매의 형태를 갖추지 않은 경우의 수입물품을 말한다.

④ 브뤼셀평가협정의 의의

브뤼셀평가정의는 여러 가지 가격의 개념 중 "관념적 가격(notional value)"을 과세가격의 결정기초로 하고 있다. 따라서 흔히 알려져 있는 것처럼 브뤼셀평가정의의 가격개념이 현실과 동떨어진 추상적인 가격개념은 결코 아니라는 점을 이해할 필요가 있을 것이다. 이 가격 역시 당해 수입물품이 실제로 판매되었거나 판매될 계약조건으로부터 도출되는 현실적인 가격인 것이다. 브뤼셀평가정의의 또 하나의 특징은 구체적인 거래에서의 가격을 관념적 가격을 기준으로 조정하는 경우에 있어서 적용하게 되는 법적 근거를 실정법에 상세하게 규정하지 않고 상업적 관행을 대상으로 한 이론적 탐구에 치중하였다는 점이다(박상태. 관세론 410쪽. 우아당 1991).

브뤼셀평가정의는 가격결정의 장소에 관한 기준을 수입항구/수입지점으로 하는 CIF주의를 채택하고 있었기 때문에 FOB를 과세가격의 기준으로 채택하고 있는 미국, 캐나다, 호주 등의 입장에서는 브뤼셀평가정의를 국제규범화하는 브뤼셀평가협정에 가입할 수 없었다. 이러한 약점을 보완하기 위하여 브뤼셀평가협정의 운영주체였던 관세협력이사회(주: Customs cooperation Council 약칭 CCC, 세계관세기구의 전신)에서는 1974년에 이들 FOB 채택 국가들도 브뤼셀평가협정에 가입할 수 있도록 하기 위하여 가격결정기준에 관한 사항은 개별 체약국이 선택할 수 있도록 관련 부분을 개정하였으며, 한때는 브뤼셀평가정의를 사용하는 국가가 103개국에 이르기도 하였다. 특히 유럽국가 및 관세협력이사회에 가입한 아시아, 아프리카의 다수 국가들이 브뤼셀평가정의를 자국의 평가규범으로 채택하면서 한때는 관세평가 분야의 국제규범으로서의 주도적 위치를 차지하기도 하였었다. 그러나 세계무역업계의 강국인 미국과 캐나다 등은 브뤼셀평가정의의 사용을 거부하고 새로운 관세평가체제를 국제규범으로 제정할 것을 GATT를 중심으로 하여 줄기차게 주장하였다. 결국은 1973년부터 시작된 GATT의 제7차 다자간 협상라운드인 도쿄라운드에서 미국 등의 주도로 새로운 관세평가협정의 제정이 본격 추진되었고, 그 결과 1979년에 새로운 관세평가체제가 「관세와 무역에 관한 일반협정 제7조의 이행에 관한 협정(Agreement on Implementation of Article Ⅶ of the General Agreement on Traffic and Trade)」이라는 이름으로 탄생하게 되면서 관세평가 분야의 국제규범으로서의 주도적 위치를 이 새로운 평가체제에게 넘겨주게 되었다. 「관세와 무역에 관한 일반협정 제7조의 이행에 관한 협정」을 「신평가협정(New Valuation Agreement)」이라고 부르게 된 이유도 여기에서 유래된 것이다. 브뤼셀평가협정은 현재 그 운명을 다하고 거의 소멸되어가는 단계에 있다.

3. GATT에서 명시된 관세평가규정

1) GATT체제의 출범과 GATT를 중심으로 한 다자간 협상

GATT란 제2차 세계대전이 종료된 직후 그 당시 국제무역의 원활한 흐름을 저해하는 주요 요인으로 지목되고 있던 관세와 통상교역상의 불합리성을 제거하여 국제적으로 무역을 증진시키고 이를 통한 물자교류의 촉진과 인류의 생활수준 향상, 완전고용의 실현 및 자원의 효율적 이용을 도모할 목적으로 1947년 10월 30일자로 국제적으로 합의되어, 1948년 1월 1일자로 정식 발효된 「관세와 무역에 관한 일반협정(General Agreement on Trade and Tariff)」을 말한다. 우선 GATT/WTO체제와 관세평가에 대한 이해를 돕기 위하여 GATT체제의 출범과정에 대하여 간략하게 살펴보고자 한다.

제2차 세계대전 직후 미국을 위시한 주요 서방국가들은 전후의 국제질서에 대한 재편방안을 논의하는 과정에서 경제적인 측면에서는 국제간 협력을 통한 세계경제의 발전을 도모한다는 목표를 설정하고, 이를 이루기 위하여 소위 브레턴우즈(Bretton Woods)협정을 체결하였다. 이 협정에 의하여 미국 등의 주요 서방국가들은 다자간 국제기구인 국제부흥개발은행(IBRD: International Bank for Reconstruction and Development, 일명 세계은행), 국제통화기금(IMF: International Monetary Fund), 그리고 국제무역기구(ITO: International Trade Organization)의 설립을 추진하게 된다. 그 결과 금융적인 측면에서 원활한 국제교역을 이루어내기 위한 목적을 띠고 설립된 IBRD와 IMF는 오늘날까지도 그 역할을 훌륭히 수행하면서 국제경제 분야에서 중요한 기능을 담당해 오고 있다.

그러나 국제교육의 실물적인 측면에 중점을 두고 설립이 추진된 ITO는 국제부흥개발은행과 국제통화기금의 경우와는 달리 많은 우여곡절의 과정을 거치게 된다. 당초 미국 등 주요 서방 강대국들은 우선 하바나헌장(Havana Charter)을 통하여 ITO의 설립을 선언하고, 미국의 주도 아래 1947년 스위스 제네바에서 개최된 「무역 및 고용에 대한 UN회의(the United Nations Conference on Trade and Employment)」에서 국제무역기구(ITO)의 헌장을 작성하고 1948년 3월 53개국이 조인하기까지는 모든 작업을 순조롭게 진행시켰다. 그러나 그 이후 미국을 비롯한 주요

참가국들이 참여한 국제무역기구(ITO)는 그 존속이 불투명하게 되어버린 것이다. 즉, 당초 ITO 설립을 선언한 하바나헌장(Havana Charter)에서는 직접적인 국제교역원칙뿐만 아니라 고용, 상품협정, 일반상거래행위, 그리고 국제투자 및 서비스에 관련된 사항까지를 모두 포함하는 매우 포괄적인 내용을 담고 있었다.

그런데 공산주의국가의 참가배제와 자국의 잉여농산물 처리정책과 이해관계를 가지는 상품협정의 배제라는 미국의 주장이 ITO에서 수용되지 않게 되면서 미국은 ITO 참가에 대한 의회의 비준을 받는 데 실패하게 되었던 것이다. 이에 따라 국제무역기구(ITO)는 순조로운 출범을 보여주지 못하고 좌초하게 되었다.

그러나 이러한 ITO를 중심으로 한 움직임과는 달리, 다른 한편에서는 하바나헌장 초안에 동조했던 56개국 가운데 23개국이 1946년부터 별도로 관세협상을 벌여오고 있었다. 이들은 1930년대 초반부터 광범위하게 유지되어 온 각국의 보호무역적인 무역제한조치를 시정하고 자유무역을 진작시키기 위하여 최초의 다자간 관세협상을 벌여왔던 것이다. 이 협상에서 이들은 약 45,000여 개의 관세양허를 합의하게 되었는데 금액으로 환산하면 약 100억 달러에 해당하며 당시 세계교역액의 약 20%에 이르는 금액이었다. 이들은 이와 같은 관세양허 합의(안)과 함께 하바나헌장 초안에 포함된 일부 원칙들을 하바나헌장이 공식 채택되기 이전에 수락함으로써 조기에 시행할 것도 합의하였다.

이러한 최초의 다자간 관세양허안과 하바나헌장 초안의 일부 원칙을 합하여 「관세 및 무역에 관한 일반협정(GATT: General Agreement on Tariffs and Trade)」이라는 이름으로 1948년 1월에 발효시켰다. 그러나 지나치게 자유무역주의적인 내용을 포함하고 있던 하바나헌장을 기반으로 한 ITO는 1948년 최종적으로 참가국들에 의해 합의를 보게는 되었으나 앞에서도 언급하였듯이 미국을 포함한 많은 국가들이 자국의 의회비준을 받지 못하는 상태에 처하게 되었다. 그러던 중 1950년 미국정부가 더 이상 의회비준청구를 추진하지 않겠다고 선언함에 따라 ITO는 사실상 사라지게 되었다. 그에 따라 처음에는 잠정적인 성격을 띠고 출발하였던 GATT가 제한적이지만 ITO의 기능을 완전히 계승하게 되었고, 그 이후 케네디라운드, 도쿄라운드, 우루과이라운드 등 새로운 국제무역질서 정립과 관세협상을 위한 총 8차례 다자협상을 주도하면서 관세 및 국제무역에 관한 중요 국제기구로 자리매김하기에 이르렀고, 연속적으로 가맹국을 확대해오면서 1995년 WTO체제가 성립되기 전까지 존속하면서 관세와 무역 분야에서의 국제간 협력을 이끌어 오게 되었던 것이다. 우리나라는 1967년 4월 GATT에 정회원국으로 가입하였다. 각 라운드별 협상 개요를 살펴보면 다음과 같다.

〈GATT의 무역협상〉

라운드	시기	협상기간	참가국	주요 의제
제네바 1차	1947.4	7개월	23	관세양허
아네시	1949.4	5개월	13	관세양허
토퀘이	토퀘이	5개월	26	관세양허
제네바2차	1956.1	5개월	26	관세양허, 일본의 참여 허용
딜론	1960.9	11개월	26	관세양허
케네디	1964.5	37개월	62	관세양허, 반덤핑관세
도쿄	1973.9	74개월	102	관세양허, 비관세장벽, 협정의 기본골격
우루과이	1986.9	87개월	123	관세양허, 비관세장벽, 원산지, 서비스, 지적재산권, 분쟁조정, 섬유, 농산물, WTO의 설립 등
도하	2001.11	진행중	141	관세양허, 비관세장벽, 농상물, 노동기준, 환경, 경쟁촉진, 투자, 투명성, 특허 등

동 협정의 기본 요지는 1. 회원국 상호 간의 다각적 교섭을 통하여 관세율을 인하하고 회원국 간의 최혜국 대우를 실시하는 등 관세차별을 제거하며, 2. 수출입의 수량적 제한은 원칙적으로 폐지하고, 3. 수출입과 그 대금지불에 관한 절차 및 비율에 있어 차별대우를 하지 않으며 수입된 외국산품은 국내산품과 동일하게 취급하고, 4. 수출보조금제도를 금지한다는 것"으로 되어 있다.

동 협정을 운용하기 위한 기구로서는 총회, 각료회의, 이사회, 무역개발위원회(CTD), 무역담당 각료로 구성되고, 중요 문제가 있을 때 회합하였다. 본부는 스위스의 제네바에 설치되었다. GATT는 1947년부터 1962년까지 총 5회의 대규모 관세교섭을 통하여 세계무역량의 80%를 지배하였으며 무역의 자유화에 크게 이바지하였다. 1960년 이래 각 나라 사이의 품목별 관세율 인하교섭이 한계에 이르게 되자 미국은 유럽공동시장(EEC: 현재의 EU)의 발전에 대응하고 유럽공동시장과의 관세인하교섭을 실현하기 위하여 1962년 10월 자체적으로 통상확대법을 마련하고, 관세일괄인하협상을 위한 교섭에 들어가 1967년 5월 15일 제네바에서 타결을 보았다. 협상결론의 요지는 교섭참가국은 일률적으로 평균 35%의 관세를 인하한다는 것이었다. 이것이 이른바 케네디라운드이다.

그런데 미국은 오일쇼크 이후의 심화되는 자국의 경기불황과 무역적자를 해소하기 위하여 1971년 8월 15일 달러 방위조치와 10%의 수입부가세 부과조치를 발표하게 된다. 그런데 이와 같은 조치는 GATT체제에 중대한 위협을 주어 그 철폐를 요구하는 24개국 전문위원회의 보고서가 같은 해 9월에 채택되게 된다. 1972년 11월 1일부터 14일까지 제네바에서 열린 제28차 총회에서 미국은 1972년 말로 끝나는 케네디라운드를 대체하여 선진공업 간의 완전한 관세폐지를 요구하는 닉슨라운드(안)을 제의하게 되는데 이 (안)은 일본, 스웨덴, 스위스 및 유럽경제공동체(EEC) 각국의 지지를 얻게 된다. 뒤 이어 이 (안)의 구체적 절차를 토의하는 특별

각료회의가 1973년 9월 12일부터 3일간 일본 도쿄에서 열려 이 (안)이 채택되게 되는데, 이를 우리는 도쿄라운드라고 부른다.

이 도쿄라운드의 특색은 뉴라운드의 기본적 성격과 방향을 명시하고, 세계무역의 확대와 자유화를 통해 세계의 생활, 복지향상을 도모함과 동시에 개발도상국가로 하여금 무역을 통한 이익을 확보하는 것을 목적으로 하며 교섭원칙으로서 상호주의에 따를 것을 인정함과 동시에 개발도상국가에 대해서는 일반적인 교섭원칙과는 다른 특별한 원칙을 적용한다는 2개의 방법을 채택한 것이었다. 그러나 미국과 EEC, 선진국과 개발도상국, 개발도상국 상호 간의 대립 등으로 인하여 교섭에 관한 가이드라인이 유기적이라는 데서 그 해석을 둘러싸고 많은 논의를 불러일으키게 되었다. 도쿄라운드에 따른 관세인하가 1987년 종료됨에 따라 이를 대신할 무역교섭이 1986년 우루과이 수도 몬테비데오에서 열렸는데, 이것이 이른바 우루과이라운드이다.

우루과이라운드의 특징으로는 지금까지의 다자간 협상 대상이 물품/상품의 교역에 국한하였던 데 비하여, 우루과이라운드에서는 그 협상대상을 금융, 정보, 통신 등 서비스부문까지로 하였으며, 관세에 대해서는 일률적인 GATT 방식의 적용이 합의되었다는 점이다. 1994년 12월 15일 난항 끝에 우루과이라운드 교섭이 타결되었으며, 이듬해 4월 모로코에서 개최된 GATT 각료회의에서 각국 대표가 서명함으로써 우루과이라운드 협상은 종결되기에 이른다. 이로써 제2차 세계대전 이후 상당 기간에 걸쳐 국제무역의 큰 흐름을 주도하였던 GATT체제는 막을 내리고, 우루과이라운드 협상결과의 준수를 감시할 수 있는 보다 강력한 관세와 국제무역에 관한 협의 및 관리 조직이 세계무역기구(WTO)라는 이름으로 1995년부터 1월 1일 출범하게 된 것이다.

2) GATT의 관세평가규정

관세와 무역에 관한 일반협정 제7조의 내용은 관세평가에 관한 내용을 규정하고 있다. 여기서는 GATT 제7조의 내용과 그 의미에 대해 살펴보기로 한다.

(1) GATT 제7조의 내용

1. 체약국은 본조의 다음 각 항에 규정된 평가의 일반원칙이 타당하다는 것을 인정하며 또한 수출입상 관세, 과징금 및 가격에 기초하거나 또는 어떠한 방법으로든 가격에 의하여 규제되는 모든 제한조치에 대하여 이와 같은 원칙이 실시되도록 한다. 또한 체약국은 다른 체약국의 요청이 있을 때는 관세목적의 평가에 관한 자국의 법령과 규칙의 운용에 대하여 검토하여야 한다. 체약국단은 본조의 규정에 따라 개별 체약국이 취한 조치에 대하여 보고를 제출하도록 하고 해당 체약국에 요청할 수 있다.

2. (a) 수입물품의 관세목적에 의한 평가는 관세가 부과되는 당해 수입물품 또는 동종물품의 "실제가격"에 기초하여야 하며 국내에서 생산된 동종의 물품의 가격, 임의적인 가격 또는 가공적인 가격에 기초하여 행하여져서는 아니 된다.

(b) "실제가격"이라 함은 "수입국의 법령에서 정한 시간과 장소에서 당해 수입물품 또는 동종의 물품이 통상적인 무역경로를 통하여 완전한 경쟁조건 아래에서 판매되거나 판매를 위하여 제시되는 경우의 가격을 말한다. 당해 수입물품 또는 동종의 물품의 가격이 특별한 거래에서 수량에 의하여 좌우되고 있는 경우에는 그 가격은 i) 비교 가능한 수량, 또는 ii) 수출국과 수입국 간의 교역에 있어서 보다 다량의 물품이 거래되는 경우의 수량보다 수입자에게 불리하지 않은 수량 등을 일관성 있게 고려하여

결정되어져야 한다.

(c) 실제가격을 본항 (b)에 따라서 확정할 수 없을 때에는 관세평가는 확인 가능한 실질가격에 가장 근접하는 상당한 가격에 근거하여야 한다.

3. 당해 수입물품의 생산국 또는 수출국에서 적용되는 내국세가 당해 수입물품에 대하여 면제되었거나 환급방식에 의하여 환급되었거나 또는 환급될 예정인 경우에는 관세평가에 있어서 이들 내국세금액을 포함해서는 아니 된다.

4. (a) 본항에 별도로 규정되어 있는 경우를 제외하고는 본조 제2항 규정의 적용상 체약국이 타국통화로 표시된 가격을 자국통화로 환산할 필요가 있을 때에는 각 관련통화에 대하여 IMF협정에 따라 설정된 외환평가치, IMF에서 인정한 환율 또는 본 협정 제15조의 규정에 의하여 체결된 특별외환 협정에 따라 인정된 평가를 환산율로 사용하여야 한다.

(b) 앞에서 언급한 외환평가치 또는 환산율이 존재하지 않는 경우에는 상업적 거래에서 해당 자국통화의 시세를 실질적으로 반영하는 환산율을 사용하여야 한다.

(c) 체약국단은 IMF와의 합의에 따라 각 체약국이 IMF협정의 조항에 합치되는 다양한 환율을 유지하고 있는 외국통화를 환산할 수 있도록 규칙을 정하여야 한다. 체약국은 이러한 외국통화에 대하여 본조 제2항의 적용상 앞에서 언급한 평가치를 사용하는 대신에 이러한 규칙을 적용할 수 있다. 체약국단이 앞에서 언급한 규칙을 채택할 때까지는 체약국은 이러한 외국통화에 대하여 상거래에 있어서 동 외국통화의 가치를 실질적으로 반영하기 위하여 고안된 본조 제2항의 환산규칙을 적용할 수 있다.

(d) 본항의 규정은 본 협정체결일에 체약국의 영역에서 적용되고 있는 관세평가상의 통화환산방법의 변경이 관세지불액을 일반적으로 증가시키는 효과를 초래할 경우에는 체약국에 대하여 환산방법의 변경을 요구할 수 있는 것으로 해석되어서는 아니 된다.

5. 가격을 기준으로 하거나 어떠한 것이든 가격에 의하여 규제되고 있는 각종 제한조치, 관세 또는 기타 과징금의 대상이 되는 물품의 가격을 결정하는 기초(근거)와 방법은 무역업자가 상당한 확실성을 가지고 관세의 과세가격을 추정할 수 있도록 안정된 것이어야 하며, 동시에 충분하게 공표되어야 한다.

(2) GATT 제7조 개요

이미 앞에서 설명한 바와 같이, 각국에서 편의에 따라 자의적으로 운용하고 있어 국제무역의 발전을 저해하는 불합리한 제도라는 비판을 받고 있던 종래의 관세평가제도를 범국제적으로 규제하고, 보다 객관성 있고 공정한 합리적인 관세평가제도를 마련하고자 하는 새로운 시도는 제2차 세계대전 이후 새로운 국제질서의 조정자 역할을 담당한 국제연합(the United Nations)에 의하여 점차 그 결실을 맺게 되었다.

1947년 스위스 제네바에서 개최된「무역 및 고용에 대한 UN회의(the United Nations Conference」에서는 동 회의에서의 거론된 여러 가지 의제 중 하나로 "관세평가제도"에 관한 몇 가지 기본원칙에 대하여 국제적 합의를 도출해내기에 이르렀다. 이 회의에서의 결론은 그 후「관세와 무역에 관한 일반협정(General Agreement on Trade Tariff)」제7조에 구체적으로 명시되게 되었으며, 그 후 국제적 관세평가제도가 지향해야 하는 중요한 일반적 기본원칙으로 자리매김하게 되었다.

GATT 제7조에 담겨져 있는 이념과 이상은 원래 1927년과 1930년 국제연맹의 주최로 스위스 제네바에서 개최되었던 국제무역의 자유화를 위한 국제회의에서 관세평가규정을 불공평하게 운용하고 있던 특정 국가에 대하여 압력을 가한 것으로부터 출발한 것이었다. 그 후 각국은 자유로운 교역을 통하여 확보되어야 할 수출이익이 일부 국가의 자의적인 관세평가방법에 의하여 저해되고 있음을 인하협상이 실제에 있어서는 관세평가방법의 변동에 따라 그 효과가 훼손되게 된다는 사실을 중시하여, 제2차 세계대전 이후 이에 대하여 효과적으로 대처할 수 있는 방안을 국제적으로 심도 있게 논의하기 시작하였던 것이다. 그러나 관세의 부과, 징수목적을 위한 과세가격이 어떠한 형태의 것이어야 하는가 하는 구체적인 개념에 대해서는 이들 회의에 참여한 국가들 사이에서도 일치를 보지 못하였기 때문에 1947년에 개최되었던 “무역 및 고용에 대한 UN회의(the United Nations Conference on Trade and Employment)”에서는 관세평가에 관한 상세하고 구체적인 개념과 방법을 정립하는 것을 포기하고 일반적인 사항만을 GATT 제7조에 담게 되었던 것이다.

그 결과 GATT 제7조는 그 내용에 있어서 그리고 국제규범으로서의 영향력과 강제력 측면에 비추어볼 때 각국이 관세평가업무를 수행함에 있어서 적용해야 할 일반적인 원칙들을 제시하는 정도에 그치는 선언적 규정에 불과한 수준에 머무르게 되었다. 즉 각국 정부가 관세평가제도를 구체적으로 제정 운용함에 있어 지켜야 할 기본적인 가이드라인을 제시하는 수준에 그치는 정도이지, 국제적으로 모든 나라에 대하여 구속력과 강제력을 가지고 통일적으로 적용될 수 있는 강력한 국제규범으로서의 관세평가제도는 아니었던 것이다. 지금부터 이러한 GATT 제7조의 내용과 국제규범으로서의 의미에 대하여 살펴보기로 하자.

(3) GATT 제7조의 주요 요지

전문을 포함하여 4부 38개 조항 및 9개 부속서로 이루어진 GATT 협정문 중 GATT 제7조는 “관세평가의 일반원칙(the general principles of valuation), 과세가격 결정의 기초(the basis for determining customs value), 과세가격 개념의 결정요소(the elements necessary for defining customs value), 감면/환급된 수출국 내국세의 배제(the exclusion of the internal tax which has been exempted or refunded by export country) 및 통화환산에 대한 특별규정(the special provisions for currency conversion)"에 관한 내용들로 구성되어 있다.

우선 위의 규정을 통하여 알 수 있듯이 GATT 제7조 제1항에서는 "제7조 전체에서 규정하고 있는 사항들은 협정이 관세평가영역에서 구현되기를 기대하고 아울러 협정이 이상적이라고 상정하고 있는 관세평가의 일반원칙(the general principles of valuation)이라는 점"을 선언하고 있다. 즉 GATT 제7조 전체를 지배하면서 관세평가제도 전반을 아우르고 지배하는 하나의 이념으로서, 체약국에 대하여 각국이 관세평가제도를 시행하는 과정에서 다음에 언급되는 몇 가지 사항을 관세평가의 일반원칙으로서 준수하고 실현할 것을 요구하고 있는 것이다. 여기에서 이러한 사항들을 「관세평가의 일반원칙」이라고 표현하는 이유는 그러한 사항들은 과세가격의 개념이 어떠한 내용으로 정의되든 간에 관세평가의 모든 분야에서 적용되는 보편적이고 일반적인 원칙이어야 한다는 의미를 가지고 있기 때문이다.

〈GATT 제7조에서 추구하고 있는 "관세평가의 일반원칙"〉

첫째, 관세평가는 현실적이어야 하며, 임의적이거나 가공적이어서는 아니 될 뿐만 아니라, 수입국 내에서 생산된 물품을 기초로 하여 과세평가가 이루어져서도 아니 된다는 것이다(제7조 제2항 (가) (나)호 및 제3항).

둘째, 관세평가의 기초와 과세가격 결정방법은 무역업자가 상당한 확실성을 가지고 추정할 수 있도록 안정적이어야 하며 그 내용은 미리 일반에게 공포되어야 한다는 것이다(제7조 제5항).

셋째, 관세평가의 행정절차는 획일적이어야만 하며 그 개념은 미리 일반에게 공포되어야 한다는 것이다(제7조 제5항).

또한, 제7조 제1항에서는 이러한 관세평가의 일반원칙들이 회원국들 간에 제대로 준수되고 있는지 여부를 검증하기 위한 방법으로서 각 체약국은 다른 체약국의 관세평가에 관한 법령이나 규칙들이 협정에서 제시하고 있는 관세평가에 관한 일반원칙에 부합되고 있는지 여부를 검토할 것을 요구할 수 있으며, 경우에 따라서는 GATT는 이러한 조치를 요구받은 개별 체약국의 조치 결과를 제출받아 이를 살펴볼 수 있는 권한을 부여하고 있다.

제7조 제2항에서는 관세평가제도가 갖추어야 할 일반원칙들을 구체적으로 제시하고 있는바, 이와 같은 GATT의 규정들은 앞에서 설명한 바와 같이 관세평가의 개념이 어떻게 정의되든 간에 그것에 관계없이 모든 관세평가 분야를 포괄할 수 있는 것이다. 즉 제7조 제2항에서는 개별 체약국들이 이러한 관세평가기준이나 제도를 수립함에 있어서 반영하고 포함되어야 하는 요소들에 관한 규정을 두고 있는데, 다만 여기에서는 과세가격의 개념이 상이하게 정의되어질 수 있다는 점을 고려하여 각국이 선택할 수 있는 일반적 기준을 규정하고 있다. 즉, 여기에서는 관세목적을 위한 평가는 ① 관세가 부과되는 당해 수입물품(신고물품)의 가격 또는 ② 동종동류물품(like merchandise)의 가격과 같은 "실제가격"(actual value)에 근거를 두도록 함으로써 무역거래의 현실을 반영하지 않는 임의적이거나 가공적인 가격이 개입할 수 있는 여지를 근본적으로 차단하고 있다. 여기에서 임의적이거나 가공적인 가격의 사용을 금지한다는 의미는 과세가격을 결정함에 있어서 어떤 정형화된 기준에 입각하지 않고 과세당국인 세관의 자의적이거나 임의적인 판단이나 선택에 좌우되어서는 아니 된다는 뜻이며, 또한 상업적 서류나 실질적인 자료에 근거하지 않고 근거가 없는 가공적인 가격에 기초하여서도 아니 된다는 의미이다.

아울러 이 두 가격은 통합하여 사용할 수 있으나, 그 통합방법은 안정적이어야 하는 것임에 유의할 필요가 있다. 이와 같은 용어들 중 특히 "동종동류물품의 실제가격"이라는 용어와 관련하여 유의하여야 할 사항은 여러 유형의 동종동류물품의 실제가격 중에서도 관세평가의 기초로 채택될 수 있는 동종동류물품의 실제가격은 일정한 조건에 부합되어야 한다는 점이다. 즉, 협정 제7조 제2항 (a)호에서 규정하고 있는 "과세가격을 결정함에 있어서는 수입국 내에서 생산된 물품의 가격에 근거하여서는 아니 된다"는 요구와 제7조 제3항에서 규정하고 있는 "당해 물품의 원래의 생산국 또는 수출국에서 부과되는 내국세로서 면세되었거나 환급에 의하여 경감되었거나 장차 경감될 금액을 포함시켜서는 아니 된다"는 요건을 적용하게 됨에 따라 관세평가의 기초로 채택될 수 있는 동종물류물품의 실제가격의 범위는 보다 더 제한되게 되는 동시에 보다 더 정밀해지게 되는 것이다. 제시된 어떤 가격이 이러한 요건을 구비한 관세평가의 기초로 채택되기 위한 조건으로서 제7조 제2항 (b)호에서는 다음과 같은 요건을 갖출 것을 요구하고 있다.

〈제7조 제2항 (b)호에서 요구하는 실제가격(actual value)의 결정조건〉

- 당해 수입(신고)물품 또는 동종동류물품의 거래가격일 것
- "정상적인 거래과정"에서 그리고 "완전경쟁 조건 아래에서" 거래된 가격이거나 거래될 가격일 것
- 가격의 결정(완성)시기는 수입국에서 법률로 정할 것
- 가격이 결정되는 장소에 관한 사항은 수입국에서 법률로서 정할 것
- 수량의 많고 적음에 의하여 가격의 차이가 발생하게 되는 경우에는 다음과 같은 가격들을 고려할 것

– 비교할 수 있는 수량
– 수출국과 수입국 간의 무역거래에 있어서 보다 많은 수량의 물품이 판매되는 경우의 수량보다 수입자에게 불리하지 않은 수량

• 아울러 위의 조건들은 일관성 있게 사용되어져야 한다.

관세를 부과하기 위한 과세가격은 그 가격결정을 위하여 사용되는 물품(당해 수입물품 또는 동종동류물품)이 위에서 설명한 "실제가격(actual value)을 결정하기 위한 가격의 요건"상의 조건을 충족시키는 내용으로 판매되었거나 또는 판매를 위하여 제시된 가격을 기초로 하여야 하며, 만일 이러한 요건을 충족시키지 못하는 경우에는 그 가격에 가장 근접하는 가격을 기초로 하여야 한다.

환율환산의 원칙과 관련해서는 제7조 제4항에서 규정하고 있는데, 첫째 국제통화기금(IMF)의 환율을 사용하거나, 둘째 국제통화기금의 환율이 없는 경우에는 상업적 거래과정에서 당해 통화의 시세를 실질적으로 반영하는 환산율을 사용하도록 하고 있다(conversion rate shall reflet effectively the current value).

그러나 앞에서 언급했듯이 GATT 제7조는 그 내용에 있어서의 구체성과 영향력 및 강제력 측면에서는 각국이 관세평가에 적용할 보편적이고 일반적인 기준과 원칙들을 제시하는 정도에 그치는 선언적 규정의 수준에 불과하기 때문에 그 규범성과 구속력 측면에 있어서 어쩔 수 없는 한계를 보이고 있었으며, 따라서 모든 국가에 대하여 구체적인 구속력과 강제력을 가지고 통일되게 적용될 수 있는 관세평가에 관한 강력한 국제규범의 출현이 불가피하였던 것이다. 이러한 시대적 요구에 따라 제정된 것이 「GATT관세평가협정」 즉, 오늘날의 「WTO 관세평가협정」이다.

4. WTO협정에서 명시된 관세평가규정

1) 개요 및 제정배경

WTO 관세평가협정의 공식적인 명칭은 「1994년도 관세 및 무역에 관한 일반협정 제7조의 이행에 관한 협정(Agreement on Implementation of Article Ⅶ of the General Agreement on Tariff and Trade 1994)」이다. 그러나 보통 실무적으로는 이를 간략하게 「WTO평가협정(WTO Valuation Agreement)」 또는 「신평가협정(New Valuation Agreement)」이라고 호칭되고 있다(주: 본래 신평가협정이란 용어는 이 협정이 발효되기 직전까지 국제적 관세평가규범으로 자리매김하고 있었던 "브뤼셀평가정의"에 대한 상대적 관점에서 신평가협정이라는 별칭으로 호칭되었었으나 이제는 이 협정이 시행된지도 30년 가까이 되었기 때문에 지금 시점에서 여전히 신평가협정으로 호칭하는 것은 적절하지 않다고 판단된다. 따라서 본서에서는 정식 명칭인 "WTO평가협정"이라고 지칭하기로 한다). 원래 이 협정은 WTO체제가 출범하기 훨씬 전인 GATT체제하에서 「관세와 무역에 관한 일반협정 제7조의 이행에 관한 협정(Agreement on Implementaion of Article Ⅶ of the General Agreement on Tariff and Trade)」이라는 이름으로 1981년 1월 1일에 발효된 국제무역에 관한 협정이었으나, 우루과이라운드 협상의 결과 종전의 GATT체제가 1994년부터 WTO체제로 확대 재편되어 새롭게 출범함에 따라 종전의 GATT규범 전체가 WTO체제로 편입되게 되었고, 그에 따라 이 협정도 WTO 설립협정의 부속협정으로 편입되게 된 것이다. 이러한 이유로 인하여 「GATT 1994」라는 방식으로 WTO 설립년도가 이 협정명칭에 부기되게 된 것이다.

WTO 관세평가협정은 일반서설, 협정 본문, 부속서 Ⅰ(주해), 부속서

Ⅱ(관세평가기술위원회), 부속서 Ⅲ(개발도상국에 대한 유보허용 규정) 등으로 구성되어 있다. 제4장에서 이들에 대한 보다 더 상세한 고찰이 있게 될 것이다. WTO평가협정이 제정되게 된 역사적 배경과 동기를 간단히 살펴보면 다음과 같다.

이미 언급한 바와 같이, 유럽관세동맹이 주축이 되어 완성시킨 "세관목적을 위한 상품의 평가에 관한 협정"(Convention on the Valuation for Customs Purpose)상의 "브뤼셀평가체제"(BDV)는 벨기에 브뤼셀에 위치한 관세협력이사회(Customs Cooperation Council)의 주관하에 관리·운영되어 왔으며 GATT평가협정(WTO평가협정)으로 대체되기 전까지는 유럽, 아시아 및 아프리카의 많은 국가들에 의하여 사용되는 등 국제적 평가규범으로서 광범위하게 사용되고 있었다. 비록 이 협정의 공식적인 회원국이 최고 33개국에 불과했었으나, 많은 국가들이 공식적으로는 이 협정에 가입하지 않으면서도 동 협정의 주요 핵심적인 사항들을 자국의 관세법 등에 도입하여 사용함으로써 사실상 브뤼셀평가체제는 범세계계적으로 광범위하게 사용되고 있었던 국제적 관세평가규범으로 자리매김하고 있었던 것이다.

그러나 이러한 국제무역계의 상황에서도 이 브뤼셀평가체제가 더 강력한 힘을 발휘할 수 없었던 이유는 국제무역계의 또 다른 한 축을 형성하고 있었던 미국과 캐나다 등 미주지역의 무역 강국이 이 평가체제를 채택하지 않고 있었기 때문이었다. 따라서 브뤼셀평가체제는 그 실효성 측면에서 제한적일 수밖에 없었고, 운용 측면에서도 한계가 있을 수밖에 없었다. 미국과 캐나다 등이 브뤼셀평가체제를 사용하지 않았던 가장 큰 이유는 브뤼셀평가체제가 CIF가격을 기본으로 하고 있었는 데 반하여, 이들 나라들은 FOB가격을 과세가격으로 하고 있었기 때문이었다. 즉, 수입물품에 대한 국제적 운송관련비용(운임 및 보험료 등)을 관세의 과세가격에 포함시킬 것인지 여부를 둘러싸고 유럽과 북미지역 국가 간에 서로 상반

되는 입장을 취하고 있었던 것이다.

나라규모가 작고 많은 국가들이 서로 가깝게 인접해 있는 유럽국가들의 경우 전통적으로 CIF주의의 입장을 취하고 있는 데 반하여, 국토가 넓어 상대적으로 수출입에 따른 국내운송비용이 많이 소요되고 유럽국가들과도 대서양을 두고 멀리 격리되어 있는 미국이나 캐나다 등 북미국가들이나 오스트레일리아 등은 FOB주의의 입장을 취하고 있었던 것이다. 따라서 유력한 국제적인 관세평가규범의 하나인 브뤼셀평가협정을 관리·운용하고 있던 관세협력이사회에서는 이 협정의 영향력을 확대하고 명실상부한 국제적 관세평가규범으로서의 위치를 공고히할 목적으로 미국, 캐나다 등 FOB주의를 채택하고 있던 국가들을 이 협정에 가입시키기 위하여 1974년에는 CIF주의를 채택할 것인지 FOB주의를 채택할 것인지는 회원국의 선택적 재량에 맡기는 내용으로 브뤼셀평가협정의 개정안을 마련하기까지 하였었다. 그러나 미국 등은 이러한 관세협력이사회의 희망과는 달리 1973년부터 개시된 GATT의 제7차 다자간 관세와 무역협상인 도쿄라운드에서 새로운 국제적 관세평가규범을 제정할 것을 추진하였으며, 그러한 미국의 노력은 1979년에 이르러서야 결실을 맺게 되어 「관세와 무역에 관한 일반협정 제7조의 이행을 관한 협정」이 탄생되게 되었던 것이다.

2) WTO 관세평가협정의 구조

WTO 관세평가협정은 일반서설(General Introductory Commentary)과 24개 조문(article)을 4개 부(part)로 나누어 구성된 본문을 기본골격으로 하고 있으며, 여기에 3개의 부속서(Annex)(주: 부속서 Ⅰ(주해), 부속서 Ⅱ(관세평가기술위원회), 부속서 Ⅲ(개발도상국에 대한 유보허용 규정 등))를 첨부시켜 하나의 협정을 형성하고 있다. 그 중에서도 이 협정의 본문 제1조로부터 제17조까지는 “관세평가에 관한 일반규칙(Rules on Custom Valuation)”에 관한 사항들을 규정하고 있어 이 협정의 가장 핵심적인 사항을 담고 있다. 여기에는 관세평가의 기본원칙과 각 평가방법별로 평가에 관한 구체적인 세부사항들이 상세히 규정되어 있다.

(1) 일반서설

협정은 본문이 시작되기 전에 이 협정의 해석과 이해 및 운용에 관한 기본지침으로서 일반서설을 두고 있다. 이 서설에서는 협정의 기본적인 이념과 목표를 제시하고 있다.

우선 이 협정에서 관세의 과세가격의 제1차적인 기초는 협정 제1조에서 규정하고 있는 거래가격(주: 구매자와 판매자 간에 합의에 의하여 성립되는 거래가격을 말한다)이어야 함을 선언하면서, 동시에 이 협정을 운영함에 있어 제1조는 제8조와 불가분의 관계에 있으므로 반드시 이들 두 조항이 함께 해석되어 운용되어야 한다고 청명함으로써 협정의 해석과 운용하는 방법에 있어서의 기본방향을 제시하고 있다.

이어서 협정 제1조의 규정을 적용할 수 없는 경우에는 제2조부터 제7조까지 규정된 다양한 여러 방법들을 순차적으로 적용하여 관세의 과세가격을 결정토록 규정함으로써 여러 가지 가격결정방법들 간에는 적용상의 서열이 있음을 확실히 하는 한편, 이들의 우선순위에 따라 순차적으로 평가방법을 적용하여야 하는 것이 협정의 기본원칙임을 명확히 하고 있다(일반서설 제1항 및 제4항).

또한, 세관당국과 수입자간의 관세평가에 관한 협의와 정보교환 및 수입자에 대한 상업적 비밀보호(일반서설 제2항), 제5조(역산가격)와 제6조(산정가격) 사이에 있어서 수입자의 선택권(일반서설 제3항)에 대하여도 규정하고 있다.

그 밖에도 개발도상국의 국제무역을 통한 이익의 확보를 기대하고, 1994년도 GATT 제7조 규정의 중요성을 인정하면서 자의적이고 가공적인 관세평가가 가격사용을 배제하고, 공정하고 통일되고 중립적인 관세평가제도의 필요성을 강조하면서, 관세의 과세가격은 상업적 관행과 일치하는 단순하고 공평한 평가기준을 기초로 하여야 하는 동시에 이러한 평가절차는 공급원 간의 차별 없이 일반적으로 적용되어야 하는 것임을 분명히 하고 있다.

마지막으로 관세평가제도와 절차가 덤핑에 대항하는 수단으로 사용돼서는 아니 된다는 점을 강조하고 있다. 즉 불공정무역행위의 대표적 유형인 덤핑행위에 대하여는 반덤핑관세제도 등 별도의 장치를 통하여 대처하여야 하는 것이며, 정책중립적이고 가치중립적으로 운용되어야 하는 관세평가제도를 운용상의 편리함 때문에 덤핑행위에 대한 대응수단으로 변칙 활용하여서는 아니 된다는 점을 강조하고 있다.

(2) 관세평가에 관한 규칙(제1부: 제1조~제17조)

협정의 핵심부분인 제1부에서는 여러 가지 관세평가에 관한 기술적 방법들과 원칙들에 대하여 구체적으로 규정하고 있으며 아울러 화폐환산을 위해 적용할 환율의 요건, 세관당국의 비밀보장의무, 수입자에 대한 이의제기 권리보장, 수입자에 대한 관세평가 완료 전 물품반출 허용, 협정 각 조문과 협정 부속서인 주해와의 상호 보완적 기능, 협정에서 사용되는 용어들에 대한 정의 등에 대하여 제1조에서부터 제17조까지 규정하고 있다.

(3) 행정, 협의 및 분쟁해결(제2부: 제18조, 제19조)

이 부분에서는 국제규범인 관세평가협정을 관리 · 운영해나가기 위한 국제적 정책조직체로써 WTO에 관세평가위원회를 설치하고, 관세평가에 관한 기술적인 사안들을 다루기 위한 실무조직체로써 WCO에 관세평가에 관한 기술위원회를 설치할 것을 규정하고 있다. 또한 협의 및 분쟁해결에 관한 절차와 방법에 관한 내용을 제19조에 규정하고 있다.

(4) 특별대우 및 차별대우(제3부: 제20조)

개발도상회원국에 대한 협정 적용 유예허용과 유예절차 및 선진국 회원국의 개도국 회원국에 대한 기술지원에 관한 근거를 마련하고 있다. 회원국 동의 없는 개별조항의 유보금지, 협정의 회원국 적용을 위한 국내입법, 협정의 이행 및 운영상태에 대한 점검, 사무국의 설치에 관한 사항 등이 여기에 규정되어 있다.

(5) 최종조항(제4부: 제21조~제24조)

WTO 관세평가협정의 이행 및 운용에 관한 규정들을 두고 있다. 다른 회원국들의 동의가 없는 한 개별조항의 시행유보 불허, 회원국들에 대한 협정의 자국법규화 의무 및 협정의 원활한 운영을 위해 세계무역기구(WTO) 사무국이 사무처리를 담당하는 것을 원칙으로 하되 기술적인 사항에 대해서는 세계관세기구(WCO)에 대한 명시적 임무 부여의 근거를 두고 있다.

(6) 부속서 Ⅰ, Ⅱ, Ⅲ

WTO 관세평가협정은 3개의 부속서를 두고 있다. 부속서란 국가 간의 조약이나 협정에서 본 협정문(조약문)에 딸린 협정(조약)의 일부로서 본 협정문의 내용을 자세하게 해설하거나 협정문에서 상세하게 포함시키기 어려운 사항들을 기록한 첨부된 문서를 말한다. WTO 관세평가협정의 부속서 부문은 다음과 같은 3개의 부속서로 구성되어 있다.

「부속서 I」은 협정의 내용에 대한 "주해(Interpretative Note)"로서 협정에서 규정하고 있는 각각의 개별조항의 내용에 대하여 그 해석이나 집행에 따른 논란의 발생을 예방하기 위하여 협정 본문의 운용원칙이나 용어 등에 대해 자세하고 구체적인 설명을 제공하고 있다. 따라서 협정을 해석하고 시행하는 데 있어서 반드시 협정 본문과 연계하여 함께 검토되어야 하며, 협정의 일부분으로서 준수되어져야 하는 부분이다.

「부속서 II」는 관세평가기술위원회의 역할과 기능, 구성, 기술위원회의 운영방법, 의장 및 부의장의 선출, 회의에서 사용하는 언어 및 회의내용의 기록방법 등 기술위원회의 구성과 운영에 관한 상세한 사항을 규정하고 있다.

「부속서 III」은 개발도상국에 대한 일부 협정 조항의 유보허용에 관한 내용을 주요 내용으로 하여 개발도상국에 대한 협정 적용 유예기간의 연장, 개발도상국의 최저가격을 기초로 한 관세평가의 잠정허용, 협정 제5조와 제6조의 적용순위 변경 유보 등에 관하여 규정하고 있다.

3) WTO 관세평가위원회와 WCO 관세평가기술위원회의 결정과 정보제공사항

(1) 개요

WTO평가협정은 다수의 국가들이 회원국으로 가입한 국제협정이기 때문에 협정당사국들의 이해관계가 첨예하게 대립할 수 있는 갈등상황은 언제든지 발생가능하다. 어떤 한 국가가 행한 관세평가의 결과에 대하여 상대국가가 자국의 이익이 침해당하였다고 생각하거나 그 조치가 불합리하다고 판단하는 경우에는 그로 인하여 자칫 바람직하지 않은 국가 간 갈등이 발생할 수 있게 되고, 이러한 상황은 결국은 국제무역의 원활한 흐름을 저해하고 나아가서는 WTO 설립협정이 추구하는 상품과 서비스의 생산증대 및 무역의 증진과 지속가능한 세계경제의 발전을 저해하는 요인으로 작용하게 된다.

또한 WTO평가협정 자체의 측면에서도 협정의 제정 당시에는 각 회원국들이 그 시대에 있어서의 자국의 이해를 최대한 반영한 타협의 산물로서 WTO평가협정이 제정되어 출범하였으나 그 이후 새롭게 전개되는 각국의 경제여건과 국제무역환경의 변화는 기왕의 협정내용에 대한 새로운 해석과 변화를 요구하게 된다. 어떤 제도나 정책도 그것이 제정 당시의 필요에 의하여 구상되고 제도화를 위해 국제규범화되는 과정을 거쳐 실제 집행되는 단계에 이르게 되고, 또 상당한 기간을 통해 집행경험이 누적되게 되면 당초 그 제도나 규범의 기획자가 의도하였든 의도하지 않았든 간에 그것 자체가 스스로의 생명력을 가지게 되며 진화 발전해 나가는 속성이 있다. 이러한 측면에서 볼 때 국제규범인 WTO평가협정도 환경이 변함에 따라 변화하는 유기체적인 특성을 가졌다고 볼 수 있을 것이다.

따라서 이와 같은 요인에 따라 수시로 발생하게 되는 국가 간의 분쟁과 갈등을 해결하고 새로운 환경에서의 적응력을 높여가기 위해서는 이를 중립적이고 객관적인 입장에서 주도적으로 관리하고 운영하는 국제적 조직체가 필요하게 된다. WTO평가협정에서는 이를 위하여 세계무역기구(WTO)에는 관세평가위원회를, 그리고 세계관세기구(WCO)에는 관세평가기술위원회라는 두 개의 국제조직을 두고 이들 업무를 담당하도록 하고 있다. 이원화된 관리 · 운영방식을 택하고 있는 셈이다. 이들 두 개의 위원회에서는 협정의 관리운영과 관련된 결정사항들을 서로 역할을 분담하여 기능을 수행하면서 그 결과를 여러 가지 형태의 문서로서 공표하고 있는바, 관세평가위원회의 결정(decision)과 관세평가기술위원회의 권고의견(advisory opinion), 예해(commentary), 해설(explanatory note), 사례연구(case study), 연구(study) 등이 그것이다. 각 기구의 성격과 기능에 대하여 간략히 살펴보기로 하자.

(2) WTO 관세평가위원회(Committee on Customs Valuation)의 결정사항

협정 제18조 제1항에서는 협정의 운영, 회원국 간의 협의 및 분쟁해결을 위하여 각 회원국의 대표로 세계무역기구(WTO) 안에 관세평가위원회를 설치하도록 하고, 이 위원회의 사무국 기능은 세계무역기구의 사무국에서 담당하도록 규정하고 있다. 보통 이 위원회를 평가위원회라고 부르고 있다. 이 위원회에서는 주로 관세평가제도와 관련된 정책적인 성격의 문제들을 다루고 있는데 협정에서 부여하고 있는 주요 업무는 다음과 같다.

① WTO 관세평가협정의 운영 또는 목적의 증진에 영향을 미칠 수 있는 특정 회원국의 관세평가제도의 운영에 관련된 사항의 협의
② WTO 관세평가협정의 회원국들이 위원회에 부여하는 임무의 수행

평가위원회는 통상적으로 매년 1회 또는 협정에서 별도로 규정하는 바에 따라 회의를 개최하여 위에서 언급된 주요 업무를 처리하게 되는데, 관세평가제도의 실무적 기능과 관련하여 가장 주요한 사항은 후술하는 세계관세기구(WCO) 소속의 관세평가기술위원회에서 기술적 검토를 거쳐 부의하는 관세평가와 관련된 여러 가지 "결정(Decision)"을 평가위원회의 이름으로 의결하는 것이다. 평가위원회에서 의결하는 각종 결정들

은 곧바로 새로운 국제적 관세평가규범으로서의 자격을 갖게 된다.

그런데 WTO 관세평가협정은 그 자체만으로 별도로 독립되어 제정된 협정이 아니며, 실제에 있어서는 WTO설립협정의 부속서 Ⅰ에 수록된 여러 종류의 다자간 무역협정 중의 하나이므로 WTO의 최고의결기구인 WTO 각료회의(Ministerial Conference)의 지휘 · 통제를 받게 되며, 각료회의가 개최되지 않는 동안의 WTO 업무를 처리하기 위하여 설립된 일반이사회(General Council) 및 상품무역이사회(Council for Trade and Goods)도 WTO 설립협정에 근거한 WTO 관세평가협정의 운영에 관여할 수 있다고 할 수 있다. 그러나 실제에 있어서는 관세평가위원회가 WTO 관세평가협정의 운영에 관한 사항을 전담하고 있다고 보는 것이 타당하다(주: WTO 설립에 관한 협정 제4조).

그동안 관세평가위원회가 WTO 관세평가협정의 운영과 관련하여 위원회의 이름으로 의결한 관세평가 관련 결정(decision)에는 다음과 같은 것들이 있다.

〈관세평가위원회의 결정(Decision)〉

① 협정 제8조 제1항 (다)호의 주해에서의 용어 “copyright”의 불어 번역

② 협정 제8조 제1항 (나)(4)호에서 사용된 “undertaken”이라는 용어의 의미

③ 수입물품의 과세가격 결정시 이자비용의 처리

④ 데이터 처리장치를 위한 소프트웨어 전달매체에 대한 평가

⑤ 협정 제8조 제1항 (나)(4)호에서의 용어: 개발(development)

⑥ 세관당국이 신고가격의 정확성이나 진실성을 의심할 만한 사유가 있는 경우

⑦ 최저과세기준가격과 독점대리인, 독점유통업자 및 독점영업권자에 의한 수입

4) WCO 관세평가기술위원회(Technical Committee on Customs Valuation)에서 제공하는 정보와 제언사항

(1) 개요

WTO 관세평가협정의 관리 · 운영과 관련하여 사실상 가장 중요하고 핵심적인 역할과 기능을 담당하고 있는 국제적 조직체가 바로 세계관세기구(WCO)의 관세평가기술위원회(Technical Committee on Customs Valuation)이다. 관세평가기술위원회는 협정 제18조 제2항에 근거하여 설치된 조직이다. 협정 제18조 제2항에서는 "관세협력이사회(주: 종전의 CCC를 말하며, 세계관세기구의 전신)의 후원하에 이 협정 부속서Ⅱ에 포함된 의사칙에 따라 운영되는 "관세평가에 관한기술위원회(이 협정에서는 '기술위원회'라 한다)"가 설치된다"라고 규정하고 있는바, 관세평가기술위원회는 바로 여기에 근거하여 설치된 조직인 것이다.

전술한 바와 같이 협정 부속서 Ⅱ에서는 기술위원회의 임무와 위원회에 참석하는 각국 대표의 구성방법, 의제, 위원회의 운영방법, 의장 및 부의장의 선출, 회의에서 사용하는 언어 및 회의내용의 기록방법 등 기술위원회의 운영에 관하여 상세한 사항을 규정하고 있다. 기술위원회의 사무국 기능은 세계관세기구의 사무국에서 담당하고 있다.

(2) 기술위원회의 역할과 임무

기술위원회의 역할과 임무에 대하여는 협정부속서 Ⅱ에서 "기술적인 차원에서 이 협정의 해석 및 적용의 통일성을 보장하기 위한 목적"으로

기술위원회를 설치한다고 명시하면서 다음의 7가지 사항을 구체적인 기술위원회의 역할과 임무사항으로 열거하고 있다.

① 회원국의 관세평가제도의 일상적인 운영에 있어서 발생하는 구체적이고 기술적인 문제점의 조사 및 제시된 사실을 기초로 하여 적절한 해결방안에 관한 자문의견을 제공하는 것
② (회원국 등의) 요청이 있는 경우 협정과 관련이 있는 관세평가에 관한 법규, 절차 및 관행의 연구와 이러한 연구결과에 관한 보고서를 작성하는 것
③ 협정의 운영 및 지위의 기술적 측면에 관한 연례보고서의 작성 및 배표
④ 관세목적상 수입상품의 평가와 관련된 모든 문제에 대하여 회원국 또는 WTO의 관세평가위원회에서 요청하는 정보 및 조언을 제공하는 것(이러한 정보 및 조언의 제공은 권고의견(Advisory Opinion), 예해(Commentary) 또는 해설(Explanatory Note)의 형태를 취할 수 있다)
⑤ (회원국 등의) 요청이 있는 경우 협정의 국제적인 수락을 증진시키기 위하여 회원국에 대한 기술적 지원을 제공하는 것
⑥ 협정의 제19조의 규정에 따라 패널이 회부하는 사안에 관한 조사를 수행하는 것
⑦ 관세평가위원회가 부여하는 그 밖의 임무의 수행

(3) 기술위원회의 구성 및 운영

협정의 회원국은 기술위원회에서 자기 나라를 대표하는 대표권을 행사할 수 있는 권리가 있으며 이를 위하여 회원국은 자기 나라를 대표하는

1명의 대표와 1명 또는 그 이상의 교체대표를 지명하여 대표권을 행사할 수 있다. 이들은 기술위원회의 회의 시 필요한 경우에는 자문 등의 도움을 받을 수 있다.

WTO의 사무국은 기술위원회의 회의에 옵서버의 자격으로 참여할 수 있다. 아울러 WTO의 회원국은 아니지만 WCO의 회원국인 국가는 기술위원회에 옵서버의 자격으로 기술위원회의 회의에 자국의 대표를 참석시킬 수 있다. 또한 WCO의 사무국에서는 기술위원회 의장의 승인을 받아 WTO의 회원국도 아니면서 WCO의 회원국도 아닌 국가의 대표와 국제적인 정부 간 및 무역기구들의 대표들로 하여금 기술위원회의 옵서버 자격으로 동 회의에 참석토록 초청할 수 있도록 하고 있다. 이에 따라 국제무역업계에서 중요한 역할을 수행하고 있는 국제상공회의소(ICC : International Chamber of Commerce)와 같은 국제적 경제단체들이 기술위원회에 참석하여 관세평가제도의 발전과 정착에 많은 기여를 하고 있다.

기술위원회는 통상 1년에 2회의 주기로 개최되고 있으며, 각 회의의 개최자는 직전회의에서 결정된다. 그러나 협정 제19조의 규정에 따라 패널에 의하여 회부된 안건을 심의해야 하는 등 특별한 사유가 있는 경우에는 의장의 요청에 의하여 기술위원회가 소집되기도 하지만 그러한 경우는 그리 흔치 않다. 기술위원회의 회의는 특별한 사유가 없는 한 WCO의 본부에서 개최되게 되는데 WCO의 본부는 벨기에의 수도인 브뤼셀에 위치하고 있다.

(4) 기술위원회에서의 회원국에 대한 정보 또는 자문의 제공

앞에서 협정에서 부여한 기술위원회의 주요 기능 중의 하나가 "관세목적상 수입상품의 평가와 관련된 모든 문제에 대하여 회원국 또는 WTO

의 관세평가위원회에서 요청하는 정보 및 조언을 제공하는 것"이며 이러한 정보 및 조언의 제공은 권고의견(Advisory Opinion), 예해(Commentary) 또는 해설(Explanatory Note)의 형태를 취하게 된다는 것을 설명한 바 있다.

본문과 부속서로 구성되어 있는 협정은 각 회원국에서 자국 국회의 동의 등을 거치게 되면 그 자체가 국내법적인 효력을 갖게 된다. 그러나 각국에서 실제로 협정이 집행되는 실무현장에서는 협정의 본문과 부속서만으로는 충분히 해결할 수 없는 복잡하고 다양한 문제들이 계속 발생하게 된다. 따라서 이와 같이 기술적이고 전문적인 사안들에 대하여는 평가기술위원회에서의 연구검토와 실무적인 협의과정을 거쳐 평가기술위원회의 결정사항으로 채택되게 되는데 이러한 결정사항은 앞에서 열거한 권고의견(Advisory Opinion) 등과 같은 다양한 형태로 평가기술위원회의 회원국들에게 제시되게 된다.

또한 평가기술위원회의 이러한 업무수행의 결과는 WTO의 평가위원회 및 WCO 총회에 보고되며, WTO의 평가위원회 및 WCO 총회에서 승인을 받게 되면 각 회원국들에게 제공되어 기술적인 측면에서 협정의 해석 및 적용지침(guide)으로 활용되게 된다. 각 회원국에서는 이들을 경우에 따라서는 자국 내에서 입법으로 반영하거나, 때로는 행정지침의 형태로 세관현장에 제공하기도 한다.

이와 같이 여러 가지 형태로 제공되는 기술위원회의 정보 및 조언들이 각각 어떠한 성격을 지니고 있으며, 지금까지 기술위원회가 제공한 정보 및 조언들에는 어떠한 것들이 있는지 WCO에서 발간하여 제공하고 있는 "WTO 관세평가개요"(Compendium)을 통하여 살펴보기로 하자.

① 권고의견(Advisory Opinion)

권고의견은 협정의 운용과 관련하여 발생하였거나 발생가능한 특정의 사안에 대하여 기술위원회의 의견(견해)을 제시하는 것이다. 권고의견 제시의 대상이 되는 사안이 실제 협정의 집행과정에서 발생한 것이든 아니면 이론상 발생가능한 것이든 여부를 따지지 않는다. 만약, 관세평가의 현장에서 발생한 어떤 문제가 권고의견에서 다루고 있는 경우와 동일한 사례인 경우에는 회원국들은 권고의견을 통해서 적절한 해답을 구하게 될 것이며, 동일하지는 않지만 유사한 사례라면 권고의견을 적절하게 활용하여 유추해석함으로써 필요로 하는 해결방안을 찾을 수 있게 될 것이다.

그동안 평가기술위원회가 WTO 관세평가협정의 운영과 관련하여 제시한 권고의견에는 다음과 같은 것들이 있다.

〈권고의견(Advisory Opinion)〉

1. 협정에서의 판매의 개념
2. 동종동질물품의 시장가격보다 낮은 가격의 인정 여부
3. 협정 제1조에 대한 주해에서의 "구분 가능한(are distinguished)"이라는 용어의 의미: 수입국에서의 수입제세
4. 4.14 (14건): 협정 제8조 제1항 (다)호의 로열티 및 라이선스료
5. 5.3 (3건): 협정에서의 현금할인에 대한 처리
6. 협정에서의 구상무역거래 및 보상거래의 처리
7. 협정 제1조 제2항 (나)(1)호에서의 대비가격의 채택가능성
8. 종전의 거래와 관련된 신용채권의 처리
9. 공제가격방법의 적용 시 덤핑방지관세 및 상계관세의 처리
10. 허위서류의 취급
11. 부주의로 인한 오류와 불완전한 서류의 처리
12. 협정 제7조에서의 신축적인 운용

13. 협정 제7조를 적용함에 있어서의 평가방법의 적용 우선순위
14. 협정 제7조를 적용함에 있어서 해외에서 제공된 자료의 사용
15. 협정 제8조 제2항 (다)호에서의 "보험"의 의미
16. 평가대상물품의 판매 또는 가격이 평가대상물품의 가격에 영향을 주는 어떤 조건이나 고려사항의 대상이 되는 경우의 처리
17. 협정 제11조의 적용과 적용범위
18. 협정 제13조의 적용과 적용범위
19. 협정 제17조 및 부속서Ⅲ 제6항의 적용
20. 고정된 환율로 계약이 체결된 경우에 있어서의 통화 환산
21. 협정 제15조 제4항 (나)호의 "동업자"(partner in business)라는 표현에 대한 해석

② 예해(Commemtary)

예해는 협정의 특정 조항이나 부분에 대하여 해설(comment)을 제공하는 것으로서 협정조문의 문리상의 해석에 관한 지침을 제공함으로서 특정 사안에 관한 의문이나 갈등을 해설하고자 하는 것이다. 예해는 필요한 경우에는 이해를 돕기 위하여 사례(illustrative examples)를 포함하고 있는 경우가 있다. 다시 말하면 예해는 여러 가지 실무적 사안에 대하여 협정의 특정 부분을 적용하기 위한 지침을 제공하는 것이라 할 수 있다.

그동안 평가기술위원회가 WTO 관세평가협정의 운영과 관련하여 제시한 예해에는 다음과 같은 것들이 있다.

〈예해(Commentary)〉

1. 협정의 목적상 동종동질물품 및 유사물품
2. 수출보조금 또는 장려금의 대상이 되는 물품의 평가

3. 덤핑가격으로 판매된 물품의 평가
4. 가격조정에 관한 약관이 있는 경우의 평가
5. 제조, 가공 및 수리용으로 일시 수출되었다가 재수입된 물품의 평가
6. 협정 제1조에 의한 분할되어 선적된 물품의 처리
7. 제1조에 따른 정치 및 관련비용의 처리
8. 일괄거래의 평가문제
9. 수입국에서 발생한 활동에 대한 비용의 처리
10. 협정 제1조 제1항 (나)호와 제2조 및 제3조 규정에서의 거래단계 및 거래
11. 수량의 차이에 대한 조정
12. 결합거래의 처리
13. 협정 제1조 (가)(3)의 "제한"이라는 용어의 의미
14. 데이터 처리장치용 소프트웨어 전달 매체의 평가에 관한 결정사항의 적용
15. 협정 제1조 제2항의 적용
16. 역산가격방법의 적용
17. 물품구입 후 수입 전에 구매자의 계산으로 수행된 활동
18. 구매수수료
19. 협정 제8조 제1항 (나)호 (ii)와 제8조 제1항 (나)호 (vi)와의 관계
20. 협정 제8조 제1항 (나)호에 관한 주해에서 언급된 "재현생산권"의 의미
21. 보증수수료
22. 운송비용: FOB체제에서의 평가상 처리
23. 연속(계)된 판매에 있어서 "수입국으로의 수출판매"라는 표현의 의미

③ 해설(Explanatory Note)

해설은 협정의 1개 조문 또는 수 개의 조문으로부터 발생하는 일반적인 성격의 문제에 대하여 기술위원회의 의견(견해 또는 입장)을 제시하는 것이다. 경우에 따라서는 기술위원회는 해설을 통하여 이러한 성격의 문제와 관련되는 국제무역에 관한 관행을 검토하여 필요한 결론을 내리기도 한다. 해설이 주제로 다루고 있는 범주에 속하는 여러 가지 국제무역상의 상황에 대하여 각 체약국의 세관당국은 해설을 원용하여 협정의 특정 조문에 관한 실무적 집행방침을 결정할 수 있게 될 것이다.

그동안 평가기술위원회가 WTO 관세평가협정의 운영과 관련하여 제시한 해설(Explanatory Note)에는 다음과 같은 것들이 있다.

〈해설(Explanatory Note)〉

1. 협정 제8조 제1항 (나)호에 참고가 되는 사례연구에 관한 보고: 엔지니어링, 디벨로프먼트, 아트워크 등
2. 협정 제8조 제1항 (라)호의 적용
2 협정 제8조 제1항 (라)호에서의 사후귀속이익의 처리
3. 협정 제1조의 조건과 제한
4. 임차수입물품의 처리
5. 협정 제8조 제1항 (나)호의 적용
5. (5.1과 같은 사항: 협정 제8조 제1항 (나)호의 적용)
6. 보증보험료
7. 실제로 지불하였거나 지불하여야 할 금액의 적용
8. 협정 제8조 제1항의 적용
8. (8.1과 같은 사항: 협정 제8조 제1항의 적용)
9. 독점대리인, 독점분배권자 및 독점양허권자

10. 협정 제1조 제2항의 적용
11. 협정 제15조 제4항 (마)호의 적용: 특수관계자 간의 거래
12. 생산비용 이하의 가격으로 수출판매된 물품과 협정 제1조의 적용
13. 관세평가위원회의 결정 6.1의 적용
13. 관세평가위원회의 결정 6.1의 적용

④ 사례연구

사례연구는 실제의 무역거래 현장에서 발생하는 복잡한 사안에 대하여 해설을 제공하는 것으로서 1개 또는 수 개의 협정조문이 실제로 세관당국의 과세가격결정과정에서 어떻게 적용되게 되는지를 구체적인 사례를 들어 보여주는 것을 주요 내용으로 하고 있다. 그동안 평가기술위원회가 WTO 관세평가협정의 운영과 관련하여 제시한 사례연구(Case Study)에는 다음과 같은 것들이 있다.

〈사례연구〉

1. 협정 제8조 제1항 (나)호에 참고가 되는 사례연구에 관한 보고: 엔지니어링, 디벨로프먼트, 아트워크 등
2. 협정 제8조 제1항 (라)호의 적용, 협정 제8조 제1항 (라)호에서의 사후귀속이익의 처리
3. 협정 제1조의 조건과 제한
4. 임차수입물품의 처리
5. 협정 제8조 제1항 (나)호의 적용
6. 보증보험료
7. 실제로 지불하였거나 지불하여야 할 금액의 적용
8. 협정 제8조 제1항의 적용

9. 독점대리인, 독점분배권자 및 독점양허권자
10. 협정 제1조 제2항의 적용
11. 협정 제15조 제4항 (마)호의 적용: 특수관계자 간의 거래
12. 생산비용 이하의 가격으로 수출판매된 물품과 협정 제1조의 적용
13. 관세평가위원회의 결정 6.1의 적용

⑤ 연구(Study)

연구는 협정부속서 I 제2항 (나)의 규정에 따라 기술위원회에서 연구하도록 임무가 부여된 특정 사안에 대하여 협정과 관련된 모든 문제를 깊이 있게 조사 · 검토한 결과를 문서화한 것으로서, 위에서 열거한 다른 형식의 결정을 통해서는 적절한 처리방안이나 해답을 제공하는 것이 어렵다고 생각되는 경우에 사용되는 결정형식이다. 연구는 경우에 따라서는 기술위원회의 내부문제를 다룰 때 사용되기도 하고, WTO 평가위원회에 대한 보고서의 형식을 취하기도 하는데, 이러한 경우에는 각 체약국의 정부당국에만 제공될 뿐이며 일반 민간인에게는 공개적으로 발간되지는 않기 때문에 비정부 부문에서 이를 활용하는 데 있어서는 많은 제한이 따른다.

그동안 평가기술위원회가 WTO 관세평가협정의 운영과 관련하여 제시한 연구(Study)에는 다음과 같은 것들이 있다.

〈연구(Study)〉

1. 중고자동차의 처리
2. 임차수입물품의 처리

5) 협의 및 분쟁의 해결

(1) 개요

특정 국가에서 수출입 물품에 대한 과세 · 통관절차를 이행하면서 과세가격을 결정을 위하여 WTO 관세평가협정이 적용되는 과정에서 WTO 관세평가협정의 적용을 둘러싸고 수입자/납세의무자와 수입국 세관당국 사이에 의견충돌이 발생할 수 있게 되는데, 그에 따른 과세가격결정에 의하여 불이익처분을 받거나 이견이 있는 사람은 해당국가의 국내법에서 규정하고 있는 소정의 절차에 따라서 이의를 제기하여 침해된 권익의 구제를 요구할 수 있다. 협정 제11조 제1항에서는 "각 회원국의 법률은 수입자 또는 그 밖의 관세납부자에게 벌칙을 부과함이 없이 과세가격의 결정에 대하여 이의를 제기할 수 있는 권리를 규정하여야 한다(The legislation of each Member shall provide in regard to a determination of customs value for the right of appeal, without penalty by importer or any other person liable for the payment of the duty)"고 규정함으로써 수입자 등 이해관계자에게 스스로 권리구제를 요청할 수 있는 법적권리가 있음을 분명히 하고 이를 제도적으로 보장하도록 하고 있다. 우리 관세법에서도 "제5장 납세자의 권리 및 불복절차"에 관한 규정을 두어 협정의 이러한 요구와 취지를 충분하게 반영하고 있다.

그러나 이와 같은 개별 납세의무자에 대한 권리구제규정과 절차는 실제에 있어서는 그 적용대상과 운용범위가 수입국의 세관당국과 납세의무자 간의 문제에 한정되는 것으로써 어디까지나 수입국의 내부적 관심사항으로 귀결되게 된다. 그런데 주지하는 바와 같이 WTO 관세평가협정은 관세를 부과 · 징수하기 위한 과세가격을 결정하는 방법과 절차에 관한 국가 간의 협정이기 때문에 각 체약국이 협정을 어떻게 해석하고 운용하는가에 따라 납세의무자인 수입국의 수입자뿐만 아니라 다른 많은 이해관계자에게 까지도 경제적 · 정책적 영향을 미치게 될 뿐만 아니라, 각 체약국의 산업정책 또는 통상정책에까지도 영향을 주게 된다. 때문에 협정의 운용과 해석을 둘러싸고 발생하게 되는 문제와 갈등들은 국가 간의 이해관계의 손익계산에 의하여 경우에 따라서는 국가 간의 분쟁으로 확대되는 바람직하지 않은 상황을 초래할 수도 있다. 때문에 이러한 국가 간의 갈등 상황으로 확대 발전되기 전에 이러한 분쟁이나 갈등이 원만하게 조정 또는 해결되는 것이 바람직하며, 이를 위하여 협정에서는 제2부 제19조에서 "협의 및 분쟁해결"에 관한 조항을 별도로 설정하고 있다. 또한 "세계무역기구(WTO) 설립협정"에서도 "부속서 Ⅱ(분쟁해결규칙 및 절차에 관한 양해)"에 분쟁해결 방법 및 절차에 관하여 규정하고 있다.

그런데 협정 제19조에서 규정하고 있는 내용은 실제로는 "협의와 분쟁해결을 처리하기 위한 패널의 설치 운용"에 관한 내용으로만 간단하게 규정되어 있을 뿐이며, 게다가 협정 제19조 제1항에서는 "이 협정에서 달리 규정된 경우를 제외하고는 분쟁해결 양해(주: 세계무역기구(WTO) 설립협정 부속서 Ⅱ(분쟁해결규칙 및 절차에 관한 양해)를 지칭)가 이 협정의 협의 및 분쟁해결에 적용된다"라고 규정하고 있어 구체적으로는 협정과 관련하여 발생되는 분쟁의 해결에 관해서는 사실상 「세계무역기구(WTO) 설립협정 부속서 Ⅱ(분쟁해결규칙 및 절차에 관한 양해)」에 의존할 수밖에 없도록 되어있다. 실제로 WTO평가협정 제19조에서 「세계무역기구(WTO) 설립협정 부속서 Ⅱ(분쟁해결규칙 및 절차에 관한 양해)」에서 규정하고 있는 사항 이외에 달리 규정하고 있는 사항이라는 것은 "협의에 참여하는 회원국"에 대하여 기술위원회가 조언이나 기술적 지원을 행한다든지 "분쟁을 검토하기 위하여 설치된 패널"이 평가기술위원회에 대하여 기술적 사항에 대한 검토를 요청하고 그에 따라 기술위원회에서 검토보고서를 제공하는 사항에 대하여만 별도로 규정하고 있을 뿐이다. 따라서 분쟁해결에 관한 핵심적 사항은 모두「세계무역기구(WTO) 설립협정 부속서 Ⅱ(분쟁해결규칙 및 절차에 관한 양해)」에서 규정하고 있는바에 따르게 된다고 보아야 할 것이다.

(2) 분쟁해결제도의 유형 및 처리 절차

「세계무역기구(WTO) 설립 협정 부속서 Ⅱ」에서 제시하고 있는 분쟁해결 방법의 유형으로는 협의(consultation), 주선(good offices), 조정(conciliation), 중개(meditation), 중재(arbitration) 및 WTO에서 구성하는 "분쟁해결기구"에서의 권고 또는 판정 등이 있다.

그런데 앞에서 언급한 바와 같이 WTO 평가협정의 운용과 해석을 둘러싸고 발생하게 되는 각종 분쟁의 해결방법과 절차에 대하여는「세계무역기구(WTO) 설립 협정 부속서 Ⅱ 분쟁해결규칙 및 절차에 관한 양해)」에 규정하는 바에 따르도록 하고 있으므로 분쟁해결제도의 유형 및 처리 절차 등에 관해서는「세계무역기구(WTO) 설립 협정 부속서 Ⅱ 분쟁해결규칙 및 절차에 관한 양해)」,「과세가격결정에 관한 권리구제 및 분쟁의 해결」 중 국제법상의 협의 및 분쟁해결에서 다루고 있다.

Part 02

관세평가예제

〈예제 1〉

국내판매가격을 기초로 한 관세평가에서의 총판매액 결정

1. 서론

2. 제4방법을 적용하기 위한 수출판매 거래요건 여부의 검토

3. 국내판매가격의 요건

1) 당해 수입물품의 수입당시 상태와 동일한 상태로 판매된 것

2) 수입 후 최초의 거래단계에서 판매된 단위가격

3) 당해 물품의 수입신고일과 동시에 또는 거의 동시에 판매된 가격

4) 가장 많은 수량으로 국내판매되는 단위가격

5) 국내판매 시 구매자와 특수관계에 있지 않을 것

6) 판매자 또는 수출자에 대한 생산지원이 없을 것

4. 과세가격의 기초가 되는 총판매액의 산정

1) 국내판매 시 총판매액의 계산

2) 디자인 업그레이드를 위해 구매자가 지급한 비용의 계산

3) 본 거래에서의 총 국내판매금액의 계산

미국의 수출자인 제조업자 A는 한국에 주재하는 자신의 대리인인 B에게 물품을 선적한 후 한국의 대리인이 한국의 대리인은 한국에서 미국의 수출자를 대리하여 미국의 수출자 A로부터 수입한 물품을 판매하고 있다. 한국의 대리인의 거래현황은 아래와 같다. 과세가격을 결정하기 위한 공제요소를 고려하기 전 아래의 거래에서 과세가격의 기초로 사용되는 국내 총판매액의 크기가 어느 정도인지를 계산하시오.

1. 수입된 물품은 국내판매에서 어떤 변형을 거치지 않고 원상태로 국내구매자에게 판매되고 있다.
2. 수입 후 3개월 동안 국내에서 판매되는 현황은 다음과 같다.
   국내판매 시 첫 번째 거래의 경우 단위가격은 1,000원에 5단위를 10회와 3단위를 5회 판매하고, 두 번째 거래의 경우 단위가격은 950원에 11단위를 5회 판매하였다, 세 번째 거래의 경우 단위가격은 900원에 30단위를 1회 판매한 실적이 있다. 네 번째의 거래는 재판매를 위해 포장을 달리하여 단위가격 800원에 50단위 2회 판매한 실적이 있었다.
3. 한국의 수입자는 본 거래에 있어 미국의 수출자에 대해 디자인 업그레이드에 관한 대금을 3만원 부담하고 있다.
4. 국내판매자는 한국의 판매자에 대해 특수관계에 있지 않다.
5. 한국의 수입자(대리인)가 국내에 판매하는 거래는 수입 후 최초의 상업적 단계에서 판매되는 거래이다.

1. 서론

제1방법 내지 제3방법을 적용하여도 과세가격을 결정할 수 없는 경우에는 순차적 적용원칙에 따라 관세평가협정 제5조에서 규정하고 있는 평가방법인 제4방법을 적용하여 과세가격을 결정하여야 하는데 이 4번째 평가방법은 국내판매가격을 기초로 하여 당해 수입물품의 가격을 거꾸로 역산하여 계산하는 방법이다. 이 제4방법을 실무적으로 역산가격방법이라고 하는데, 이 방법이 국내판매가격을 기초로 하여 당해 수입물품이 수입통관되어 국내시장에서 판매에 부가되는 각종 형태의 부가가치 발생요소들의 비용을 공제하는 방법으로 역산이 이루어지기 때문에 공제방법이라고 한다. 우리나라의 관세법 제33조에서는 국내판매가격을 기초로 한 과세가격의 결정이라고 하고 있다.

제4방법에 의한 평가를 하는 데 있어서 가장 고려하여야 할 사항은 우선 어떻게 하면 과세가격 결정의 기초가 되는 국내판매가격을 객관적이고 합리적으로 포착할 것인가 하는 문제이며, 두 번째로는 국내판매가격으로부터 공제하게 되는 통상의 적정이윤과 일반경비 등의 공제요소의 범위 설정과 그들에 대한 금액의 확정 문제이다. 마지막으로는 당해 수입물품이 수입통관된 이후 수입당시의 성상과 기능을 그대로 유지한 상태에서 시장에서 재판매 사용되게 되는 경우에는 앞에서 언급한 두 가지 사항에 유념하여 이들 비용요소에 해당하는 금액을 공제해나가면 산출하고자 하는 과세가격에 쉽게 도달할 수 있다. 그러나 수입물품이 수입통관된 이후 수입당시의 성상과 기능을 그대로 유지하지 못하고 다른 물품의 원재료나 부재료로 투입되거나 추가적으로 가공과정을 거쳐 시장에서 판매되게 되는 경우에는 이러한 가공단계에 따른 변화를 어떻게 구분짓고 어느 정도까지 공제할 수 있는 대상으로 인정할 것인가를 판단하는 것이 실질적으로 중요한 문제가 된다.

2. 제4방법을 적용하기 위한 수출판매 거래요건 여부의 검토

제4방법이 적용되는 가장 일반적인 경우는 수출자인 제조자가 수입국에 주재하는 지신의 대리인 또는 지사에 물품을 선적한 후 이들이 당해물품을 수출자를 대신하여 판매하는 경우이다. 이와 같은 경우에는 제1방법을 적용하기 위해 필수적으로 갖추어야 하는 수출판매라는 요건을 충족하지 못하기 때문에 제1방법을 적용할 수 없게 되므로 대리인 또는 지사에서 수입국 내에서 판매한 가격을 토대로 하여 수입 이후 판매될 때까지의 제반비용을 공제하는 역산가격방법을 적용하여 과세가격을 산출하게 되는 것이다.

한편 평가협정 제5조에서는 국내판매가격을 기초로 한 과세가격의 결정방법에 대하여 "수입될 때와 동일한 상태로 당해 수입물품, 동종동질물품 또는 유사수입물품이 수입국 내에서 판매되는 경우, 이 조의 규정에 따른 수입물품의 관세가격은 당해 수입물품, 동종동질물품 또는 유사수입물품이 평가대상 물품이 수입되는 시기에 또는 수입과 동시 또는 거의 동시에 물품판매자와 관련이 없는 구매자에게 최대의 총량으로 판매되는 단위가격에서 공제요소를 뺀 가격에 기초한다"라고 규정되어 있다.

3. 국내판매가격의 요건

제4방법을 적용하기 위해서는 우선 당해 수입물품이나 동종동질물품 또는 유사물품이 국내에서 가장 많은 수량으로 판매된 단위가격을 찾아내야 한다. 가장 바람직한 것은 당해 수입물품이 수입국 내에서 재판매 등의 과정을 거쳐 형성된 국내판매가격에 관한 자료를 입수하여 사용하는 것이다. 그러나 제4방법의 적용대상을 당해 수입물품에만 국한시킨다면 역산가격방법을 적용할 수 있는 가능성은 매우 제한적일 수밖에 없다. 왜냐하면 일반적인 경우에 있어서 수입된 물품은 수입자의 판매정책이나 시장여건 또는 상황에 따라 재판매시기가 수입시점에 비하여 상당히 늦어질 수도 있고, 재판매되는 수량도 유동적인 경우가 많을 수 있기 때문이다. 이러한 점을 고려하여 평가협정에서는 "역산가격방법"에 의한 과세가격 결정의 기초로 사용할 수 있는 범위를 당해 수입물품 이외에도 동종동질물품 또는 유사물품의 국내판매가격도 사용할 수 있도록 신축을 부여하여 확대한 것이다.

평가협정에서 규정하고 있는 제4방법을 적용하기 위해 가격결정의 기초로 사용할 수 있는 국내판매가격은 최소한 다음의 일정한 요건을 충족시켜야 한다. 첫째, 수입된 것과 동일한 상태로 판매된 것이어야 한다. 둘째, 수입 후 최초의 거래단계에서 판매된 단위가격이어야 한다. 셋째, 당해 물품의 수입신고일 또는 수입신고일과 동시에 또는 거의 동시에 판매된 것이어야 한다. 넷째, 국내판매 시의 거래상대방인 구매자가 판매자 또는 당해 물품을 수출판매한 수출자와 특수관계에 있지 않아야 한다. 다섯째, 국내판매 시의 거래상대방인 구매자가 판매자 또는 당해 물품을 수출판매한 수출자에 대하여 생산지원을 제공하지 않아야 한다.

1) 당해 수입물품의 수입당시 상태와 동일한 상태로 판매된 것

이것은 평가협정 제5조 제1항 (가)호에 해당되는 내용으로서 우리나라 관세법 제33조 제1항 제1호에 규정되어 있다. 여기에서 말하는 수입된 것과 동일한 상태로 판매되었다는 의미는 표현 그대로 당해 물품이 수입될 당시의 성상과 기능품질 등의 모든 면에서 변화가 없어야 한다는 것이다. 따라서 어떤 물품을 수입한 후 재판매의 목적상 새롭게 포장을 달리

한다거나 상표 등을 추가로 부착하는 것은 수입당시의 상태를 계속 유지하는 것으로 판단하기 곤란한 변화를 준 것으로 보아야 한다. 그러나 자연적인 변화로서 그것이 일상적인 풍화현상 같은 것이 여기에 해당된다고 할 수 있다.

2) 수입 후 최초의 거래단계에서 판매된 단위가격

평가협정 제5조에 대한 주해 제1항에서는 "물품이 최대의 총량으로 판매되는 단위가격"이라는 용어의 의미는 수입 후 거래가 이루어지는 "최초의 상업적 단계"에서 최대수량을 판매하는 단위가격을 뜻한다"라고 해설하고 있다. 국내판매되는 단위가격이라 함은 수입 후 최초의 거래에서 판매되는 단위가격을 말한다(관세법시행령 제27조 제1항). 평가협정에서는 이와 같이 수입 후 최초의 상업적 단계에서 형성된 단위가격만으로 인정될 수 있는 거래단계의 범위를 한정시킨 이유는 수입 후 여러 단계의 상업적 단계를 거치게 될 경우에는 보통 거래단계가 진행될 때마다 새로운 부가가치가 추가로 더해지게 될 것이므로 이와 같은 가격변동요인을 모두 파악하여 역산하도록 하는 것은 자칫 정확한 가격산정을 저해하게 될 위험이 크다고 판단한 데 그 이유가 있다.

단위가격이란 국내에서 판매될 때 물품 하나하나에 대하여 책정된 가격. 즉 판매된 총판매가가 아닌 단위수량인 낱개의 가격을 의미한다. 여러 개의 물품이 집합되어 묶음으로 판매된 경우라면 총판매가를 토대로 낱개의 가격을 산정하여 사용하여야 한다. 수입자의 국내 재판매 대상 고객이 다양하여 여러 상업적 단계에 걸쳐 구매자가 형성되어 있는 경우에는 어떤 단계에서의 국내판매가격을 토대로 하여야 할 것인가 하는 문제가 제기될 수 있다. 즉, 수입자가 도매업자, 소매업자 및 최종소비자 모두에게 수입물품을 판매한 경우가 현실적으로 발생할 수 있는 것이다. 참고로 협정이나 우리나라 관세법에서는 이에 대해 명확하게 규정하고 있지 않으나 미국과 EU의 판단 사례에서는 도매업자에게 이루어진 경우의 판매를 최초의 상업적 판매단계로 판단한 것을 알 수 있다.

3) 당해 물품의 수입신고일과 동시에 또는 거의 동시에 판매된 가격

평가협정 제5조 제1항 (가)호에 의해 과세가격을 결정하는 토대가 되는 국내판매가격은 "평가대상물품의 수입되는 시점 또는 수입과 동시에 또는 거의 동시에 판매되는 가격"이어야 한다고 규정하고 있다. 대비하는 시간적 요소에 대한 신축성의 범위를 매우 짧게 설정하고 있다. 이는 가격에 영향을 미치는 시장상황이나 상 관행에 있어서 변동이 발생되지 않는 최소한의 기간을 염두에 둔 것으로 보인다. 그러나 협정에서는 "수입되는 시점 또는 수입과 동시에 또는 거의 동시에"라는 용어에 대하여 더 이상의 구체적인 설명이나 정의 규정을 두고 있지는 않다. 가장 바람직한 것은 판매되는 시점이 가능한 한 평가대상 물품이 수입된 시점과 가까워야 하고 최대 90일을 초과하지 않는 범위 내에서 이루어지는 것이다.

관세법시행령에서는 이를 더 구체화하여 "수입신고일과 거의 동시에 판매되는 단위가격은 당해 물품의 종류와 특성에 따라 수입신고일의 가격과 가격변동이 거의 없다고 인정되는 기간 중의 판매가격으로 한다. 다만, 수입신고일로부터 90일이 경과한 후에 판매되는 가격을 제외한다"라고 규정하고 있다. 인정할 수 있는 시간상 격차의 최대한도를 90일로 설정한 것은 평가협정 제5조 제1항 (나)호의 내용을 반영한 것이다.

4) 가장 많은 수량으로 국내판매되는 단위가격

과세가격을 결정하는 토대가 되는 국내판매가격은 최초의 상업적 단계에서 이루어진 여러 개의 단위가격 중 "가장 많은 수량으로 국내판매되는 단위가격"이다. 여기에서 말하는 "가장 많은 수량으로 판매되는" 이란 의미는 다수의 거래들을 상호 비교하여 그 중 가장 많은 수량이 판매된 단 하나의 거래를 뜻하는 것이 아니라 다수의 단위가격으로 판매되는 경우에 있어서 각각의 가격대에서 판매된 수량을 각각 합계한 결과 그 중에서 "가장 많은 수량이 판매된 단위가격", 즉 최대총합수량으로 판매된 단위가격이라는 점을 유의하여야 한다. 다시 말하면 어떤 단위가격에서 판매된 물품수량의 총합계와 다른 단위가격에서 판매된 물품수량의 총합계를 상호 비교하여 그 중 "가장 많은 수량으로 판매된 단위가격"을 토대로 하여야 한다는 의미이다.

이와 같이 "가장 많은 수량으로 판매된 단위가격"을 토대로 하는 이유는 가장 많은 수량이 팔리는 가격이 그 시장에서 대표성을 지니고 있다고 보는 것이 합리적일 뿐만 아니라 일반적으로 거래수량이 많을수록 거래가격이 낮을 것이므로 납세의무자인 수입자에게 유리한 측면도 있을 뿐만 아니라 역산가격이라는 것이 선정된 국내판매가격에서 당해물품이 수입통관된 이후 판매될 때까지 부가되고 투입된 제반비용을 공제하는 방식이기 때문에 가장 거래수량이 많은 경우에는 공제요소의 종류나 금액면에서 통상적이고 보편성을 지니고 있을 확률이 높기 때문이라는 데 그 근거를 두고 있다.

5) 국내판매 시 구매자와 특수관계에 있지 않을 것

평가협정 제5조 제1항 (가)호에서는 역산가격방법에 의한 관세가격 결정은 "상품판매자와 관련이 없는 구매자에게 판매되는 단위가격을 기초"로 하여야 한다고 규정하고 있다. 거래당사자 간의 실제거래가격을 기초로 평가를 하는 제1방법에서는 수입자인 구매자와 수출자인 판매자가 서로 특수관계자의 위치에 있는 경우에는 그러한 특수관계가 거래가격에 영향을 주었는지 여부를 조사하여 영향을 준 경우에 한하여 당사자 간의 실제거래가격의 적용을 배제하도록 하고 있다. 그러나 제4방법인 역산가격방법에서는 국내판매 시의 거래상대방인 구매자와 판매자와 특수관계에 있는 경우에는 그들이 특수관계에 있다는 사실 자체가 당해 국내거래에서의 가격의 사용을 배제하는 요건으로 작용되고 있는 것이다. 물론 이와 같은 경우에도 제1방법에의 경우처럼 그러한 특수관계가 거래가격에 영향을 주었는지 여부를 조사하여 그 결과에 따라 채택 여부를 결정할 수도 있을 것이다. 그러나 제4방법을 적용하는 데 있어서는 일반적으로 수입국 내의 구매자와 재판매거래 행위가 다수인 경우가 많을 것이므로 특수관계가 있음이 확인된 경우에는 그 가격을 배제하고 다른 사례를 채택하게 된다.

6) 판매자 또는 수출자에 대한 생산지원이 없을 것

수입 후 이루어지는 상업적 첫 거래단계에서 물품을 구입한 사람이 그 물품의 생산이나 수출판매 단계에서 원·부자재 또는 엔지니어링이나 기술 등을 무료 또는 인하된 가격으로 지원하였다면 그 사람이 당해 물품을 구입할 때 지불한 가격에는 그 생산지원을 제공한 대가가 누락되어 있을 가능성이 있는 것이다. 따라서 이와 같은 경우에는 그 가격은 정상적인 거래상황과 시장여건을 제대로 반영하였다고 볼 수 없으며, 그 가격도 왜곡되어 있을 수밖에 없는 것이므로 객관적이고 합리적인 관세평가가 이루어질 수 없게 되는 것이다. 이러한 이유 때문에 생산지원이 이루어진 경우에는 그 거래에서의 단위가격을 제4방법을 적용하기 위한 국내판매가격으로 인정할 수 없다는 것이 이 규정의 취지이다.

평가협정 제5조에 대한 주해 제5항에서는 "수입품의 생산 및 수출판매와 관련하여 사용하도록 평가협정 제8조 제1항 (나)호에 명시된 요소를 무료 또는 인하된 가격으로 직접 또는 간접으로 공급하는 사람에 대한 수입국 내에서의 판매는 평가협정 제5조의 목적상 단위가격 확정 시 고려되어서는 아니 된다"라고 규정하고 있다. 같은 취지의 내용이 관세법 시행령 제27조 재1항 제2호에서 "최초거래의 구매자가 판매자 또는 수출자에게 제18조 각 호의 물품 및 용역(생산지원의 대상인 물품 및 용역을 말함)을 수입물품의 생산 또는 거래에 관련하여 사용하도록 무료 또는 인하된 가격으로 공급하는 경우"에는 그 거래에서의 단위가격을 제4방법을 적용하기 위한 국내판매가격으로 인정하지 않도록 규정하고 있다. 여기에서 말하는 생산지원이란 평가협정 제8조 제1항(관세법시행령 제18조)에서 규정하고 있는 요소들을 말한다. 법 제30조 제1항 제3호에서 "구매자가 해당 수입물품의 생산 및 수출거래를 위하여 대통령령으로 정하는 물품 및 용역을 무료 또는 인하된 가격으로 직접 또는 간접으로 공급한 경우에는 그 물품 및 용역의 가격 또는 인하차액을 해당 수입물품의 총생산량 등 대통령령으로 정하는 요소를 고려하여 적절히 배분한 금액을 과세가격에 포함시키도록 규정하고 있는데, 여기서 대통령령으로 정하는 물품 및 용역"이란 구매자가 직접 또는 간접으로 공급하는 것으로서 다음 각 호의 어느 하나에 해당하는 것을 말한다. 이러한 요소를 살펴보면 ① 수입물품에 결합되는 재료 · 구성요소 · 부분품 및 그 밖에 이와 비슷한 물품, ② 수입물품의 생산에 사용되는 공구 · 금형 · 다이스 및 그 밖에 이와 비슷한 물품으로서 기획재정부령으로 정하는 것, ③ 수입물품의 생산과정에 소비되는 물품, ④ 수입물품의 생산에 필요한 기술 · 설계 · 고안 · 공예 및 디자인. 다만, 우리나라에서 개발된 것은 제외하는 것으로 규정되어 있다.

4. 과세가격의 기초가 되는 총판매액의 결정

본 거래에 대한 내용을 평가협정의 규정과 관세법 및 시행령에 관련된 규정을 종합적으로 검토해볼 때 다음과 같이 과세가격의 기초가 되는 총판매액을 계산해볼 수 있다.

1) 국내판매 시 총판매액의 계산

우선 4방법에서 고려되는 국내판매의 개념은 최초의 상업적 거래를 규정하고 있으므로 재판매되는 4번째 경우를 제외하고 나머지 거래에 대해서만 고려하여야 한다. 국내에서 가장 많은 수량으로 판매된 단위가격을 산출하는 구체적인 방법은 최대수량이 판매된 단위의 총판매량은 65개이다. 따라서 가장 많은 수량으로 판매된 단위가격은 1,000원이다. 이와 같은 방법으로 산출된 최대수량이 판매된 단위가격을 수입량에 곱한 총액을 과세가격 결정의 기초로 해야 한다. 따라서 최대수량이 판매된 단위가격이 1,000원이고 수입량이 150개이므로(수입량 전체가 판매되었다고 가정함) 과세가격은 1,000×150=150,000원이다. 여기서 수입자가 국내에서 실제로 판매한 총액은 (1,000×65)+(950×55)+(900×30)=144,250원이지만 이 금액을 과세가격의 기초로 사용하지 않는다는 점을 주지할 필요가 있다.

2) 디자인 업그레이드를 위해 구매자가 지불한 비용의 계산

수입자가 수출자에게 지불한 수입물품의 생산에 필요한 기술 · 설계 · 고안 · 공예 및 디자인은 수입가격에 포함되므로 본 거래 시 국내 총판매가격에는 본 디자인 지원비용, 즉 생산지원비용 30,000원이 포함되어야 한다.

3) 본 거래에서의 총 국내판매금액의 계산

제4방법 적용 시 국내 총판매금액은 150,000원+30,000원=180,000원으로 계산된다.

〈예제 2〉

국내판매에 따른 비용 등의 공제를 통한 과세가격결정

1. 서론

2. 제4방법 적용 시 수수료 또는 이윤 및 일반경비 공제항목의 내용

1) 수수료 또는 이윤 및 일반경비의 택일적 공제

2) 공제대상인 수수료 또는 이윤 및 일반경비

3) 이윤 및 일반경비의 일체로서의 취급

3. 통상의 국내운임 · 보험료 및 기타 운송관련비용

4. 당해 수입물품의 수입 및 국내판매와 관련된 조세 기타 공과금

5. 과세가격의 산정

1) 국내판매 시 총판매액

2) 공제대상인 판매수수료비용의 계산

3) 공제대상인 운임 및 보험료비용의 계산

4) 본 거래에서의 총제세 및 공과금의 계산

5) 본 거래에서의 과세가격의 산정

영국의 수출자인 제조업자 A는 한국에 주재하는 자신의 대리인인 B에게 물품을 선적한 후 한국의 대리인이 한국에서 영국의 수출자를 대리하여 영국의 수출자 A로부터 수입한 물품을 판매하고 있다. 국내 총판매액의 크기가 객관적 증빙에 의해 계산되어 있다고 하자. 과세가격을 결정하기 위한 공제요소를 고려하면 실제과세가격이 얼마인지를 계산하시오.

1. 영국의 수출자 A와 한국의 수입대리인 B와의 수입은 특수관계에 있는 거래이다.
2. 본 거래의 특성을 검토한 결과 과세가격 산정은 제4방법을 적용하는 경우로 결정되어 있다.
3. 수입품을 한국 내 판매 시의 거래는 상대방인 구매자와 특수관계에 있지 않다.
4. 수입물품을 한국으로 운송하는 데 소요된 총운임은 10원, 보험료는 5원이다.
5. 수입된 물품은 국내판매에서 어떤 변형을 거치지 않고 원상태로 국내 구매자에게 판매되고 있다.
6. 한국의 수입자(대리인)가 국내에 판매하는 거래는 수입 후 최초의 상업적 단계에서 판매되는 거래이다.
7. 최초의 상업적 단계에서 이루어진 여러 개의 단위가격 중 과세대상기간 내 국내에서 판매되는 가장 많이 판매된 수량에 대한 단위가격은 100원이며 판매수량은 100단위로 증빙자료에 의해 확인되어 있다. 본 판매를 위해 5원의 운임과 3원의 보험료를 지불하였다.
8. 과세가격산정을 위해 선정된 당해 수입물품을 국내판매하기 위하여 수입할 당시 10원의 관세와 100원의 부가가치세를 지불하였다.
9. 한국의 수입자는 본 거래에 있어 판매수수료를 총판매금액에서 1%의 수수료를 수출자로부터 받는다.

1. 서론

제4방법에 의한 평가를 하는 데 있어서 가장 고려하여야 할 사항은 우선 어떻게 하면 과세가격결정의 기초가 되는 국내판매가격을 객관적이고 합리적으로 포착할 것인가 하는 문제이며, 두 번째로는 국내판매가격으로부터 공제하게 되는 통상의 적정이윤과 일반경비 등의 공제요소의 범위 설정과 그들에 대한 금액의 확정 문제이다. 마지막으로는 당해 수입물품이 수입통관된 이후 수입당시의 성상과 기능을 그대로 유지한 상태에서 시장에서 재판매 사용되게 되는 경우에는 앞에서 언급한 두 가지 사항에 유념하여 이들 비용요소에 해당하는 금액을 공제해나가면 산출하고자 하는 과세가격에 쉽게 도달할 수 있다. 그러나 수입물품이 수입통관된 이후 수입당시의 성상과 기능을 그대로 유지하지 못하고 다른 물품의 원재료나 부재료로 투입되거나 추가적으로 가공과정을 거쳐 시장에서 판매되게 되는 경우에는 이러한 가공단계에 따른 변화를 어떻게 구분짓고 어느 정도까지 공제할 수 있는 대상으로 인정할 것인가를 판단하는 것이 실질적으로 중요한 문제가 된다.

제4방법을 적용하기 위한 기초작업으로 당해 수입물품이나 동종동질물품 또는 유사물품의 단위가격이 확인되었으면 그 단위가격에서 그 물품들이 수입된 이후 국내판매에 이르는 과정에서 지출된 비용이나 적정이윤 등을 그 단위가격에서 공제해야만 당해 물품에 대해 관세를 부과할 수 있는 과세가격을 산정할 수 있게 된다. 이와 관련하여 협정에서는 제5조 제1항 (가)호에서 제4방법에 의한 가격산정을 위해 공제할 수 있는 대상으로 다음과 같은 항목들을 비용요소로 인정하고 있다.

첫째, 통상적으로 지불하였거나 지불할 것으로 합의한 수수료, 또는 동종 또는 동류의 수입물품이 수입국 내에서 판매될 때 통상적으로 추가되는 이윤 및 일반경비로서 추가되는 금액, 둘째 수입국 내에서 발생하는 통상적인 운임, 보험료 및 관련비용 셋째, 필요한 경우 관세평가협정 제8조 제2항에서 언급된 비용 및 부과금 넷째, 물품의 수입 또는 판매로 인하여 수입국내에서 지불할 관세 및 다른 내국세 등이다. 이상과 같은 요소들은 우리나라 관세법 제33조 제1항 제2호 내지 제4호에서 국내판매가격을 기초로 한 과세가격의 결정 조항에서 공제대상으로 규정하고 있는 요소들은 다음과 같이 나타나 있다.

제1항 제2호의 내용 중 제2호에서는 국내판매와 관련하여 통상적으로 지급하였거나 지급하여야 할 것으로 합의된 수수료 또는 동종동류의 수입물품이 국내에서 판매되는 때에 통상적으로 부가되는 이윤 및 일반경비에 해당하는 금액, 제3호에서는 수입항에 도착한 후 국내에서 발생한 통상의 운임 · 보험료와 그 밖의 관련비용, 제4호에서는 해당 물품의 수입 및 국내 판매와 관련하여 납부하였거나 납부하여야 하는 조세와 그 밖의 공과금으로 규정하고 있다.

2. 제4방법 적용 시 수수료 또는 이윤 및 일반경비 공제 항목의 내용

수수료 또는 이윤 및 일반경비를 국내판매가격에서 공제하는 이유는 수수료의 경우 수입자(수출판매거래에서의 구매자)는 수입국 내 재판매 과정에서 수출자의 중개인 또는 대리인으로서의 역할과 기능을 하면서 재판매가격에 자신이 수출자로부터 지급받게 되는 수수료(판매대행에 따른 경비도 포함된다)를 덧붙이게 되며, 이윤 및 일반경비의 경우에는 수입자(수출판매거래에서의 구매자)가 자신이 소유권을 갖는 수입물품을 직접 재판매하면서 자신의 판매행위에 소요되는 일반경비와 함께 자신이 확보해야 할 적정한 이윤을 재판매가격에 덧붙이게 되기 때문이다. 재판매과정에서 수입원가에 덧붙여진 비용을 제거해야 수입원가, 즉 과세가격을 찾아낼 수 있게 되기 때문이다.

1) 수수료 또는 이윤 및 일반경비의 택일적 공제

관세평가협정 제5조 또는 관세법 제33조에서는 국내판매가격에서 공제하는 대상 중의 하나로 "수수료 또는 이윤 및 일반경비"라고 규정하고 있어 이윤 및 일반경비를 공제하는 때에는 수수료를 공제하지 않고 반대로 수수료를 공제하는 때에는 이윤 및 일반경비를 공제하지 않아야 하는 것임을 알 수 있다. 다만 어느 것을 공제할 것인가 하는 문제는 실제로 이루어지는 국내시장에서의 재판매 과정의 성격에 따라 판단되어야 할 것이다. 이에 대하여 협정에서는 아무런 기준이나 가이드라인을 규정하고 있지 않고 있다.

일반적으로 수입된 물품이 국내시장에서 재판매되는 방식은 통상적으로 수입자가 자신의 책임 아래 자신의 비용으로 판매하는 경우와 수입자가 해외에서 당해 물품을 수출한 수출자의 수입국 내 판매대리인으로서의 역할과 기능만을 수행하는 경우가 있을 수 있다. 후자의 경우에는 수입되어 재판매되는 물품의 소유권은 당연히 수출자에게 있으며 수입국 내 판매에 수반되는 모든 권리와 책임은 수출자의 몫이다. 수입자는 판매대리인으로서의 역할만을 수행하고 그 역할 수행에 따른 대가를 수수료로 지불받게 된다. 평가협정과 관세법에서 수입국 내에서의 재판매를 위해 지출되는 비용 중의 하나로 "수수료 또는 이윤 및 일반경비"를 규정하면서 수수료와 이윤 및 일반경비를 구분하여 선택적으로 적용하도록 하고 있는 이유가 바로 이와 같은 수입상품의 국내시장 재판매 방식을 염두에 둔 것이라 할 수 있다.

이상의 내용을 간략하게 정리하면 수수료는 위탁판매의 물품과 관련되는 것이고 이윤 및 일반경비는 수입자가 구매한 물품과 관련되는 것이다. 따라서 제4방법을 적용함에 있어서 수수료를 공제할 것인지 아니면 이윤 및 일반경비를 공제할 것인지는 가격역산의 대상으로 선정된 물품이 수입되어 수입국 내에서 재판매되는 과정에서 수입자가 어떠한 역할과 기능을 수행했는지에 의하여 결정된다고 할 수 있다.

2) 공제대상인 수수료 또는 이윤 및 일반경비

수입물품을 수입국 내의 시장에서 재판매하기 위해 지출된 수수료 또는 이윤 및 일반경비는 선택적으로 국내판매가격에서 공제된다. 이때 수수료와 관련하여 서로 구분하여야 할 사항이 있다. 평가협정 제8조 제1항 (가)호에서 규정하고 있는 "수입물품에 대하여 실제로 지불했거나 지불하여야 할 가산요소 중의 하나"에 "구매수수료를 제외한 수수료 및 중개료"가 있다. 협정 제8조에서 가산요소로 규정하고 있는 수수료는 수출판매계약을 성사시키기 위하여 중간역할을 한 위탁판매인 또는 판매대리인에게 지불하게 되는 수수료로서, 수출자가 자신의 대리인인 위탁판매인(또는 판매대리인)에게 직접 지불하는 것이 원칙이지만 이러한 직접지불방식을 취하지 않고 물품의 수출판매 조건으로 자신을 대신하여 구매자인 수입자로 하여금 대신 위탁판매인에게 지불하도록 하였을 경우 제1방법을 적용하는 과정에서는 이 수수료를 실제거래가격에 가산하도록 하고 있다. 반면 수입물품을 수입국 내에서 재판매하는 과정에서 판매대리인의 역할을 수행한 대가로 지불받는 것이므로 협정 제8조에서의 가산요소인 수수료와 수수료의 지불동기, 수수료를 지불받는 사람 그리고 수수료의 지불단계가 모두 상이한 별개의 것이므로 이들은 서로 구분되어야 한다.

본 거래의 경우 위에서 언급한 후자의 거래가 아니고 수출자가 자신의 대리인인 위탁판매인(또는 판매대리인)에게 직접 지불하는 거래이므로 실제 지급하는 판매수수료는 100원(국내판매액 1만원의 1%)이다.

3) 이윤 및 일반경비의 일체로서의 취급

이윤과 일반경비에 대하여 협정과 관세법에서는 이들(이윤과 일반경비)을 일체로서 취급하여야 한다고 규정하고 있다(평가협정 제5조에 대한 주해 제6항, 관세법시행령 제27조 제4항). 일체로서 취급한다는 의미는 통상의 이윤과 통상의 일반경비를 각각 별도로 구분하여 산출하지 않아야 한다는 의미이다. 회계처리의 이론상 이윤과 비용항목은 각각 별개의 계정과목이므로 이들을 서로 구분하여 계산하는 것은 얼마든지 가능할 것이나, 회계적인 면에서 보면 매출액에서 매입원가와 비용을 차감한 결과가 이윤으로 시현되는 것이므로 사실상 이들을 별개로 구분하여 계산할 실익은 거의 없다고 할 수 있다. 왜냐하면 일반경비가 많아지면 이익의 규모가 줄어들게 되고 일반경비가 적어지면 이익의 규모가 증가하게 되기 때문이다.

이윤과 일반경비는 일반적으로 인정된 회계원칙에 따라 작성된 회계보고서로서 납세의무자가 작성하여 제출하는 회계보고서를 근거로 계산하는 것이 원칙이다. 다만, 납세의무자가 제출한 회계보고서를 근거로 계산한 이윤 및 일반경비가 당해 물품이 속하는 업종 또는 산업 분야에서 통상적으로 발생하는 이윤 및 일반경비로 관세청장이 정하는 바에 따라 산출한 이윤 및 일반경비의 범위에 해당되지 않는 경우로서 관세청장이 정하는 바에 따라 산출한 통상적인 이윤 및 일반경비의 비율(기준비율)의 120%를 초과하는 경우에는 당해 기준비율의 120%에 해당하는 금액만을 이윤 및 일반경비로 인정한다. 또한 납세의무자가 이윤 및 일반경비를 제시하지 않는 경우(즉, 회계보고서를 제출하지 않는 경우)에는 당해 물품이 속하는 업종에서의 기준비율에 해당되는 금액을 이윤 및 일반경비로 인정하여 역산가격방법을 적용한다(관세법시행령 제27조 제4항, 관세법 시행규칙 제6조 제1항). 다만 납세의무자가 자신이 수행하는 사업의 특성이나 관련업종과 비교하여 관세청장이 정한 업종구분 등이 적정하지 않아서 위와 같은 기준비율을 적용하는 것이 불합리하다고 판단하는 경우에는 관할 세관을 경유하여 관세청장에게 당해 물품에 적용한 이윤 및 일반경비를 인정하여 줄 것을 요구할 수 있으며, 이 경우 관세청장은 당해 납세의무자가 제출하는 자료와 관련업계 또는 단체의 자료를 검토하여 당해 납세의무자의 수입물품에만 적용할 이윤 및 일반경비를 별도로 산출한 후 이를 적용할 수 있다(관세법시행규칙 제6조 제3항).

앞에서 언급한 바와 같이 수수료는 위탁판매의 물품과 관련되는 것이고 이윤 및 일반경비는 수입자가 구매한 물품과 관련되는 것인데, 본 거래의 경우는 수수료지급 거래이므로 이윤 및 일반경비의 산정과는 무관하다고 할 수 있다.

3. 통상의 국내운임 · 보험료 및 기타 운송관련비용

운임 및 보험료 등의 과세가격 포함 여부에 대해서는 우리나라는 CIF 주의를 채택하고 있기 때문에 수입항까지의 운임 및 보험료 그리고 기타 운송관련비용은 과세가격에 포함된다. 그러나 수입항에 도착한 이후에 국내에서 발생된 통상의 운임 및 보험료와 기타 관련비용은 과세가격에 포함될 대상이 아니다. 따라서 제4방법에 의해 과세가격을 결정함에 있어서도 과세가격 산정의 기초로 선정된 당해 수입물품의 국내판매가격에 수입 이후 우리나라에서 발생된 운임이나 보험료 또는 기타의 운송비용이 포함되어 있다면 이를 공제하여야 수입시점에서의 과세가격 수준으로 되돌아갈 수 있게 된다. 이와 같이 공제하게 되는 원칙은 평가협정 제1조에 대한 주해 중 "실제로 지불하였거나 지불하여야 할 가격"에 대한 주해 제3항에서 "수입물품에 대하여 실제로 지불하였거나 지불하여야 할 가격으로부터 수입 후의 운송비용을 구분할 수 있는 경우로서 구분가능한 경우에는 이를 공제한다"라고 규정하고 있는 것에서 알 수 있다. 우리나라 관세법 제33조 제1항 제2호에서는 "수입항에 도착한 이후에 국내에서 발생된 통상의 운임 및 보험료와 기타 관련비용을 공제한다"라고 규정되어 있다. 통상의 비용이라는 점에서 같은 공제요소인 "수수료 또는 이윤 및 일반경비"의 경우와 같다. 그러나 수수료 또는 이윤 및 일반경비의 경우에는 동종동류의 수입물품에 대해 일반적으로 부가되는 이윤 및 일반경비인 데 반하여, 국내운송비용 등은 국내에서 판매된 그 물품, 즉 평가대상은 당해 수입물품의 국내판매 과정에서 실제로 발생하는 운송비용 등을 공제대상으로 한다.

본 거래의 경우 수입 시의 운임 및 보험료는 제1방법으로 과세가격산정 시 포함되는 요소로서 한국의 판매대리인이 한국 내 판매 시 공제되는 요소와는 관계가 없다. 그러나 제4방법에서 과세가격산정의 기초로 선정된 당해 수입물품의 국내판매가격에 수입 이후 우리나라에서 발생된 운임이나 보험료 또는 기타의 운송비용은 공제대상이므로 본 판매를 위해 5원의 운임과 3원의 보험료를 합한 8원은 과세가격산정 시 공제되어야 한다.

4. 당해 수입물품의 수입 및 국내판매와 관련된 조세 기타 공과금

제4방법을 적용하기 위해 가격역산의 대상으로 선정된 당해 수입물품이나 동종동질물품 또는 유사물품의 국내판매가격의 수입을 위하여 또는 수입국 내에서의 판매를 위하여 납부된 관세 등 각종 유형의 조세 또는 공과금이나 부담금 등이 있으면 이것들은 모두 공제대상이다(평가협정 제5조 제1항 (가)호의 4, 관세법시행령 제33조 제1항 제4호). 그런데 이러한 과세가격의 역산과정에서 공제되는 관세 등 각종 유형의 조세 또는 공과금이나 부담금 등은 수입 또는 수입국 내 판매과정에서 실제로 납부한 것이어야 한다. 즉, 실제로 부담한 내역을 납부영수증이나 다른 증빙자료에 의하여 확인된 것이어야 하며, 이와는 달리 수입국의 관세법 또는 공과금이나 부담금 납부근거 규정에 따라 별도로 산정한 결과를 추산하여 적용해서는 아니 된다. 즉, 실제 납부사실과는 별개로 관련 법규에 의하여 이러한 정도의 관세나 내국세 등이 결정되어 납부되었을 것이라고 추정하여 그 결과를 가격역산을 위한 공제의 근거로 삼아서는 아니 된다는 의미이다. 따라서 실제 납부 사실이 관련 입증자료에 의하여 뒷받침되지 않은 경우에는 공제대상이 될 수 없어 역산된 가격은 높게 산출될 수밖에 없어 과세가격산정이 왜곡될 수 있다.

공제대상인 수입국의 내국세와 관련하여, 협정에서는 "수입국 내에서 지불할 다른 내국세"라고 표현하고 있어 수입국에서 부과되는 지방세는 국세가 아니므로 실제로 납부하였어도 공제할 수 없는 것으로 오해할 수 있는 문제가 있다. 이와 관련하여 평가협정 제5조에 대한 주해 제8항에서는 "물품의 판매를 이유로 지불하는 지방세로서 제5조 제1항 (가)호 (4)의 규정에 따라 공제되지 아니하는 금액은 제5조 제1항 (가)호 (1)의 규정에 따라 공제한다"라고 규정함으로써 지방세도 공제대상임을 분명히 하고 있다.

공제대상으로서의 수입국의 관세와 관련하여 덤핑방지관세 또는 상계관세가 부과되어 납부된 경우 이들이 WTO협정에 근거하여 불공정무역을 방지하기 위하여 국제적으로 허용되는 제도이므로 본래의 의미인 관세에 포함되지 않는 것으로 이해될 가능성이 있으나 WCO에서는 "덤핑방지관세 및 상계관세는 평가협정 제5조 제1항 (가)호 (4)의 규정에서 정하고 관세 및 내국세에 해당되므로 수입국 내 판매가격으로부터 공제되어야 한다고 권고의견을 제시하고 있다.

본 거래의 경우 수입국 내, 즉 한국에서의 판매를 위하여 납부된 관세 등 각종 유형의 조세 또는 공과금이나 부담금 등이 있으면 이것들은 모두 공제대상이므로 공제되어야 할 총 조세는 110원(관세 10원, 부가가치세 100원)이다.

5. 과세가격의 산정

본 거래에 대한 내용을 평가협정의 규정과 관세법 및 시행령에 관련된 규정을 종합적으로 검토해볼 때 다음과 같이 과세가격의 기초가 되는 과세가격을 다음과 같이 계산해볼 수 있다.

1) 국내판매 시 총판매액

우선 제4방법에서 고려되는 국내판매의 개념은 최초의 상업적 거래를 규정하고 있으므로 재판매되는 거래에 대해서만 고려하여야 한다. 국내에서 가장 많은 수량으로 판매된 단위가격을 근거로 산정된 국내판매가격이 10,000원이다.

2) 공제대상인 판매수수료비용의 계산

본 거래의 경우 위에서 언급한 후자의 거래가 아니고 수출자가 자신의 대리인인 위탁판매인(또는 판매대리인)에게 직접 지불하는 거래이므로 이윤 및 일반경비의 공제는 해당되지 않고 실제 지급하는 판매수수료는 100원(국내판매액 1만원의 1%)이 공제대상이다. 본 판매수수료 100원은 과세가격산정 시 공제되어야 한다.

3) 공제대상인 운임 및 보험료비용의 계산

과세가격산정의 기초로 선정된 당해 수입물품의 국내판매가격에 수입 이후 우리나라에서 발생된 운임이나 보험료 또는 기타의 운송비용은 공제대상이므로 본 판매를 위해 5원의 운임과 3원의 보험료를 합한 8원은 과세가격산정 시 공제되어야 한다.

4) 본 거래에서의 총제세 및 공과금의 계산

본 거래의 경우 수입국 내, 즉 한국에서의 판매를 위하여 납부된 관세 등 각종 유형의 조세 또는 공과금이나 부담금 등이 있으면 이것들은 모두 공제대상이므로 공제되어야할 총 조세는 110원(관세 10원, 부가가치세 100원)이다.

5) 본 거래에서의 과세가격의 산정

제4방법 적용 시 과세가격은 다음과 같다.

국내 총판매금액 10,000원(100원×100단위)에서 판매수수료 100원 공제(총판매대금의 1%), 운임 및 보험료공제(운임 3원+보험료 10원), 조세 및 공과금공제(관세 10원, 부가가치세 100원)하게 되면 실제과세가격은 10,000원−100원−13원−110원=9,777원으로 계산된다.

〈예제 3〉

간접지급에 따른 지급요소를 고려한 과세가격 결정

1. 서론

2. 관세법과 평가협정상의 간접지급에 대한 정의

3. 간접지급비용과 생산지원비용인 가산요소와의 구분

4. 간접지급의 범위

5. 이전의 거래에 영향을 받은 거래가격의 처리

6. 금융비용 부분

7. 과세가격의 결정

호주의 쇠고기 수출자인 A는 한국에 주재하는 수입자인 B에게 올 한 해 동안 7차에 걸쳐 매 회차 동일분량의 가공 쇠고기를 선적하는 과정에서 아래와 같은 거래관계가 있어 왔다. 호주의 쇠고기 수출자 A는 실제 자신이 직접 소를 도축하며 쇠고기 가공업을 겸하고 있다. 우리나라의 수입업자 B가 마지막 7차에 수입한 수입가격에 대해 과세가격을 결정하기 위해 간접지급요소를 고려하면 실제과세가격이 얼마인지를 계산하시오.

1. 한국의 수입자 B는 양질의 호주산 쇠고기 수입을 위해 호주의 쇠고기 수출자 A에게 생산지원비용 형식으로 kg당 0.1달러를 지원하고 있다.
2. 호주의 쇠고기 수출자 A는 한국의 쇠고기 수입자 B에게 지속적으로 쇠고기를 수출해오고 있는바 금회의 수입은 7차에 해당되는 수입분이다.
3. 금회 7차에 수입한 쇠고기는 1등급으로 50kg들이 100상자이고 송품장 가격은 CIF$100,000이다. 50kg들이 한 상자에 대하여 등급별로 1등급 $100, 2등급 $90, 3등급 $80로 약정한 연초의 단가계약을 하고 있다.
4. 1등급인 5회차 수입 시 수출자 A의 착오로 계약물량보다 더 선적된 2상자를 수입자 B가 인수함에 따라 추가로 지급할 금액 $200가 발생하였다.
5. 제6회차의 경우 대금은 1등급으로 지급하였으나 실제로는 2등급 100상자가 선적되어 돌려받을 $1,000의 차액이 발생하였다.
6. 호주의 수출자 A사와의 합의로 제5회차 및 제6회차 수입에서 각각 발생한 차액을 반영한 결과 제7회차의 송품장 가격은 CIF$10,000로 하였다.
7. 한국의 수입자 B는 수출자 A를 위해 일하는 시장조사업체에 대해 금년도 한국의 수입쇠고기 구매패턴에 대한 시장조사비용으로 $7,000를 지급하였다.
8. 호주의 쇠고기 수출자 A가 수출하는 가격은 자신의 쇠고기 가공공장의 시설투자 차입금의 이자비용을 한국의 수입자 B가 부담하는 형식으로

kg당 $0.01를 수입가격에 포함시키고 있다.

9. 수출자 A는 한국의 신용장 개설은행의 제3자 확인요청을 하였고 한국의 수입자 B는 신속한 쇠고기 수입을 위해 제3의 확인금융기관에 확인수수료 $500를 지급하였다.
10. 수출자 A와 수입자 B는 6회차 2등급물품에 대해 1등급물품으로 대금 지급한 차액에 상당하는 금액에 대해서는 금번 7회차의 거래가격에 반영하는 방법으로 상환하기로 합의한 바 있다.

1. 서론

수출입거래에 있어서 수입물품의 대가를 지급하는 형식은 반드시 판매자에게 직접 지급하여야 하는 것이 아니라는 것은 일반 상거래의 경우에서와 다르지 않다. 이같이 물품의 대가 중 일부를 판매자가 아닌 자에게 지급하거나 물품의 대가가 아닌 다른 명목으로 지급하는 금액이 있다면 이 간접지급금액도 당해 물품의 실제지급가격에 포함된다고 할 수 있다. 이런 관점에서 보면 간접지급이라 함은 구매자가 판매자에게 물품 구입의 대가를 직접 제공하지 않고 다른 방법을 통하여 대가의 제공이 이루어지는 효과가 발생하도록 하는 것을 말한다.

따라서 당연히 거래당사자 간에는 대가의 제공 또는 결제와 관련된 금융거래 등의 흔적은 존재하지 않게 된다. 간접지급의 가장 일반적이고 대표적인 형태는 판매자가 구매자에 대하여 부담하고 있는 기존의 부채를 탕감하거나 일부를 상계하는 방식으로 처리되는 경우이다. 그 밖에도 구매자가 제3자인 보험업자에 대하여 제조물책임보험료 지불을 대신 부담한다든지 구매자가 판매자에게 자금을 선지불하고 판매자는 제품의 구매자에게 송품장가격을 할인해주는 경우 구매자가 판매자를 위하여 실시한 서비스에 대하여 지불된 금액, 수입자는 판매자의 지연된 배달로 인해 자신이 수신자부담으로 지불한 항공운임료에 대하여 향후 선적분에 대하여 가격할인을 받기로 한 경우 이러한 향후 선적분에 대한 채권, 이전의 하자상품으로 인하여 판매자가 구매자에게 진 채무에 대한 배상으로 현재 선적가격을 할인하여 주는 것 등은 모두 전형적인 간접지급에 해당된다. 그러므로 간접지불요소들이 물품의 대가가 아닌 상기 나열된 다른 명목 형식으로 지급하는 금액이 있다면 이 간접지급금액도 당해 물픔의 실제 지급가격에 포함된다. 따라서 실제지급가격은 “송품장 등에 표시된 가격에 간접지급금액을 더한 것이 된다. 관세법과 관세평가협정은 실제지급가격을 정의하면서 총지급금액(total payment)이라는 말에는 이 같은 의미를 포함하고 있는 것이다.

2. 관세법과 평가협정상의 간접지급에 대한 정의

우리나라 관세법 제30조 제2항에서는 당해 수입물품의 대가로서 구매자가 판매자에게 지급하였거나 지급할 총금액을 과세가격으로 정의하고 있다. 여기서 총금액이라 함은 간접지급금액을 포함한 금액을 의미한다.

한편 관세평가협정 제1조의 주해에서 보면 구매자가 당해 수입물품에 대하여 판매자에게, 또는 판매자의 이익을 위하여 지급하였거나 지급한 총금액(the total payment)을 과세가격으로 정의하고 있는데 이 총금액에는 간접지급금액도 포함된 것이다. 협정부속서 3의 제7항에서는 구매자가 판매자에게 또는 판매자에게 부여된 의무를 이행하기 위하여 구매자가 제3자에게 당해 수입물품의 판매조건으로 실제로 지급하였거나 지급할 총금액(all payment)을 과세가격으로 정의하고 있다.

간접지급에는 “구매자가 당해 수입물품의 대가와 판매자의 채무를 상계하는 금액, 구매자가 판매자의 채무를 면제하는 금액 등"(관세법 제30조 제2항) 외에 다음의 금액도 포함되는 것으로 명시하고 있다(관세법시행령 제20조 제6항). 첫째, 판매자의 요청에 의하여 수입물품의 대가 중 전부 또는 일부를 제3자에게 지급하는 경우 그 지급금액, 둘째 구매자가 당해 수입물품의 거래조건으로 판매자 또는 제3자가 수행하여야 하는 하자보증을 대신하고 그에 해당하는 금액을 할인받았거나 하자보증비 중 전부 또는 일부를 별도로 지급하는 경우 해당금액, 셋째 수입물품의 거래조건으로 구매자가 지급하는 외국훈련비 또는 외국교육비, 넷째 기타 일반적으로 판매자가 부담하는 금융비용 등을 구매자가 지급하는 경우 그 지급금액으로 정의하고 있다.

당해 수입물품의 가격에 선행거래에서 발생한 채권(credit in respect of earlier transaction)이 반영되어 있는 경우에는 그 채권 상당액은 간접지급으로 실제지급가격에 포함된다(WCO 관세평가기술위원회 권고의견 8-1). 예컨대 계약과 달리 선행거래에서 2등급물품이 공급되어 이미 1등급물품으로 대금을 지급한 구매자에게 차액에 상당하는 채권이 발생하게 되고, 이 채권은 이번 수입물품, 즉 평가대상인 수입물품의 가격에 반영하는 방법으로 상환하기로 합의하였다면 당해 수입물품의 송품장 가격에는 그 채권 상당금액은 포함되지 않게 된다. 이같이 당해 수입물품의 송품장가격에 반영된 선행거래채권은 지급시점을 기준으로 대가의 일부를 구매자가 미리 지급한 것으로 볼 수 있고 채권을 소멸시킨 형태에 주목하여 구매자와 판매자 간의 채권 · 채무의 상계로 볼 수도 있으나 어느 쪽으로 보든 간접지급으로 실제지급가격에 포함되어야 하는 점은 같다.

3. 간접지급비용과 생산지원비용인 가산요소와의 구분

간접지급된 금액을 실제거래가격에 가산조정하는 것은 평가협정 제8조에서 말하는 생산지원 등을 가산조정하는 것과는 근본적으로 성격이 다른 것이기 때문에 양자는 엄격히 구분할 필요가 있다. 왜냐하면 제8조에서 규정하고 있는 생산지원의 경우에는 제8조에서 각 항목에 해당되는 경우의 비용에 대해서만 이들을 실제로 지불하였거나 지불하여야 할 가격에 가산하여 조정할 수 있는 것이며, 그 밖의 항목에 해당하는 비용요소들은 가산대상이 되지 않는 데 비하여, 간접지불에 해당하는 금액은 그 속성을 파악하여 실제로 지불하였거나 지불하여야 할 가격에 당연히 포함시켜야 하는 지급금액에 해당하는 것이므로 그 내용이나 성격 및 범위에 있어서 제한이 없는 것이기 때문이다.

본 건에서는 간접지급비용은 아니지만 생산지원비용(kg당 $0.01×5,000=$50) $50는 당연히 과세가격에 포함된다.

4. 간접지급의 범위

간접지급의 전형적인 형태인 채권 및 채무의 상계와 같은 경우 이외에 구매자가 판매자를 위하여 자신의 부담으로 제3자에게 어떤 비용이 수반되는 행위를 하는 경우에는 판단하기가 애매하고 복잡한 상황이 발생하게 된다. 어디까지를 간접지급으로 보아야 할 것인지가 불명확한 경우가 많기 때문이다. 이와 관련하여 평가협정 제1조에 대한 해설에서는 협정 제8조에서 조정하도록 규정된 사항 이외에는 구매자가 자신의 부담으로 행한 활동은 비록 판매자에게 이익이 되는 것으로 보여진다 할지라도 판매자에 대한 간접적인 지불로 간주될 수 없는 것으로 규정하고 있다. 따라서 이러한 활동의 비용은 관세의 과세가격을 결정함에 있어서 실제로 지불하였거나 지불하여야 할 가격에 추가되지 아니 하는 것으로 해설함으로써 협정의 입장을 분명하게 밝혀주고 있다. 즉, 간접지급에 대한 판단은 판매자에 이익이 되는 경우라 할지라도 매우 제한적으로 해석되어야 한다는 것이다. 그렇다면 어떠한 구매자의 행위들이 구체적으로 이러한 경우(간접적인 지불로 간주될 수 없는 경우)에 해당되는 것으로 보아야 할 것인가를 살펴보면 다음과 같은 경우를 여기에 해당된다고 할 수 있을 것이다.

첫째, 시장조사 또는 시장에 대한 연구, 둘째 구매자가 수입하여 판매하고자 하는 당해 물품의 브랜드나 상표에 대한 광고, 셋째 당해 물품의 판매장이나 전시장의 마련 준비 넷째 무역박람회 또는 관련 전시회에 참여, 다섯째 당해 물품의 작동시험 또는 시운전 등, 여섯째 취소불능신용장등을 확보하기 위한 비용 등을 들 수 있다.

그런데 국제무역의 실무에서 빈번하게 발생하는 간접지원금의 한 형태 중의 하나는 금융기관에 지급하는 보증확인 수수료가 있다. 이는 수입자의 거래은행이 개설한 신용장에 대해 개설은행의 신용도가 문제가 되어 수출자가 수출대금회수에 위험성이 있다고 판단하여 제3의 금융기관에 동 신용장에 대한 확인을 요청하는 경우에 해당된다고 할 수 있다. 이 요청에 응한 금융기관이 대금지급을 보증해주고 받는 수수료가 보증확인 수수료이다. 이 수수료가 물품대금에 포함되어 청구되는 경우에는 이를 별도로 구분하여 취급할 필요가 없으나 물품대금과 별도로 청구되거나 구매자가 직접 금융기관에 지급하는 경우에는 간접지급으로 실제지급가격의 일부가 된다. 보증확인은 수출자의 대금회수를 보증하는 것이므로 판매자의 이익을 위하여 지급하였다는 측면에서 동 수수료는 수입물품의 판매조건으로 지급된 것이라 할 수 있다.

본 건의 경우에는 시장조사비용과 신용장 확인수수료가 과세가격에 고려되어야 한다. 시장조사비용은 금년 한 해 시장조사 총비용 중 7회로 안분하여 금회(1/7) 수입물량에 대한 안분금액 $1,000와 신용장 보증수수료 $500가 과세가격에 포함된다.

5. 이전의 거래에 영향을 받은 거래가격의 처리

국제무역거래에서는 구매자와 판매자가 장기간에 걸쳐서 긴밀한 유대관계를 맺으면서 지속적으로 거래관계를 유지하고 있는 경우가 많다고 할 수 있다. 이와 같이 지속적인 거래관계를 반복하다 보면 앞에서 이루어진 거래가 후속되는 거래에 직접 또는 간접적으로 영향을 미치게 되는 경우가 발생하게 된다. 예를 들면 종전의 거래에서 발생한 채권과 채무관계의 영향을 받아 후속된 거래의 가격결정 시 일정한 할인을 제공하게 되는 경우 등이 그것이다.

이와 같은 경우에 있어서의 가격할인을 금회에 거래된 물품에 대한 관세평가과정에서 어떻게 취급하여야 할 것인가 하는 문제가 발생하게 된다. 분명한 것은 본 거래에서 제공되고 있는 할인혜택이 일상적이거나 업계의 관행에 근거한 일반적인 것이 아닌 경우 과세가격에 포함되게 된다는 점이다. 따라서 본 건의 경우에 있어서는 금회 7회차 거래에 있어서의 물품가격은 그 채권과 채무관계에 영향을 받아 할인된 것이므로 할인규모에 해당하는 만큼의 물품대금이 선지급된 것으로 간주하고 이를 과세가격에 포함시키는 것이 타당하다고 판단된다. 참고로 이 경우 제기될 수 있는 또 하나의 문제는 당해 채권 또는 채무관계를 유발시킨 종전거래와 관련하여 이미 세관당국에 의해 받아들여진 조치(종전거래에 의해 수입신고되어 관세평가가 완료된 물품에 대한 조치)는 어떻게 연계시킬 것인가의 문제이다. 세계관세기구에서는 거래당사자 간에 이루어졌던 종전의 거래에 관련된 신용채권에 대하여 권고의견 8.1을 통하여 다음과 같은 입장을 나타내고 있다.

신용채권 금액은 이미 판매자에게 지불한 금액에 해당되므로 "실제 지불하였거나 지불하여야 할"이라는 의미는 판매자에게 지불되어야 할 수입물품에 대한 총지급비용이라는 제1조 주해내용의 적용대상이 되는 것이다. 따라서 신용채권액은 지불된 금액의 일부가 되는 것이며 평가목적상 거래가격에 반드시 포함되어 한다는 점을 설명하고 있다.

본 건의 경우에서는 간접지급인 채상계금액 $1,000는 과세가격에 합산되어야 한다.

6. 금융비용 부분

판매자가 부담하여야 하는 이자비용 등의 금융비용은 구매자가 대신하여 부담하는 경우가 있을 수 있다. 이 경우 어디까지를 실제거래가격에 포함시켜야 하는 간접지급으로 판단할 것인가 하는 문제가 발생된다.

이러한 이자비용의 지급과 관련된 판단의 기준은 우리나라의 관세법 시행령 제20조 제7항에 다음과 같이 규정되어 있다. 이를 살펴보면 관세법 제30조 제2항 제4호의 규정에 의하여 구매자가 지급하였거나 지급하여야 할 총금액에서 수입물품에 대한 연불이자를 빼고자 할 때에는 당해 연불이자가 다음 각 호의 요건을 갖춘 것이어야 한다. 첫째, 연불이자가 수입물품의 대가로 실제로 지급하였거나 지급하여야 할 금액과 구분될 것, 둘째 서면에 의한 계약서로 확인될 것, 셋째 당해 물품이 수입신고된 가격으로 판매되고, 이자율은 금융이 제공된 국가에서 당시 그러한 거래에서 통용되는 수준을 초과하지 아니할 것 등으로 규정하고 있다. 참고로 우리나라의 금융비용 간접지원에 대한 기준은 미국의 관세청 기준과 유사한 형식을 취하고 있는데 이를 살펴보면 미국 관세청에서는 구매자가 행하는 이자지불이 수입물품의 대가로 실제 지불하였거나 지불하여야 할 가격에 포함이 되어 있든 안 되었든 간에 이자지급은 몇 가지 기준을 만족하는 한 과세가격에 포함되지 않도록 하고 있는데, 그 기준은 상기 우리나라 관세법시행령에서 규정하고 있는 세 가지의 조건과 동일하게 규정되어 있다고 할 수 있다.

본 거래에서의 금융비용은 이미 수입가격에 포함되어 있으므로 수입가격에 가산할 금액은 없다.

7. 과세가격의 산정

본 거래에 대한 내용을 평가협정의 규정과 관세법 및 시행령에 관련된 규정을 종합적으로 검토해볼 때 다음과 같이 과세가격의 기초가 되는 과세가격을 다음과 같이 계산해볼 수 있다.

제7회차 수입 쇠고기의 실제로 지급하였거나 지급할 가격은 $11,000이다. 당해 수입물품에 대한 송품장가격($10,000)에 간접지급금액인 채권상계금액 $1,000를 더한 금액이다. 단 제5회차 수입에 따른 채무로 송품장가격에 포함된 $200는 공제할 수 없다. 한편 금융비용은 이미 과세가격에 포함되었으므로 추가적으로 고려해야 할 사항은 아니다. 생산지원비용은 당연히 포함되어야 하며 신용장확인 수수료 $500, 시장조사비용 $1,000도 과세가격에 합산되어야 한다.

7회차 수입물품의 과세가격=7회차 수입물품의 가격 $10,000+채권상계액 $1,000+신용장확인 수수료 $500+생산지원비용 $50+시장조사비용 $1,000=$12,550이다.

〈예제 4〉

거래가격의 채택요건을 고려한 과세가격의 결정

1. 서론

2. 거래가격채택요건 검토

 1) 당해 물품의 처분 또는 사용에 제한이 없을 것

 2) 당해 물품에 대한 거래의 성립 또는 가격의 결정이 금액으로 계산할 수 없는 조건 또는 사정에 의하여 영향을 받지 않았을 것

 3) 수입 후의 전매 · 처분 · 사용에 따른 수익의 일부가 판매자에게 귀속되지 않을 것

 4) 구매자와 판매자 간의 특수관계가 당해 물품의 가격에 영향을 미치지 않았을 것

3. 과세가격의 결정

 1) 국내 수입액의 계산

 2) 조정요소의 고려

 3) 본 거래에서의 실제과세가격 산정

미국의 반도체 자동화장비시스템 기계 수출자인 제조업자 A는 한국에 주재하는 수입자 B에게 물품을 선적한 후 한국의 수입자 B에게 자동화시스템 기계 작동은 매우 고도의 숙련된 기술을 요하므로 판매조건으로 한국에서 미국수출자 B의 제품을 사용하는 사용자에게 반드시 일정한 훈련을 받은 후 사용할 것을 조건으로 판매하고 있다. 한국의 미국 B사 제품을 사용하는 사용인이 교육을 받는 방법은 미국의 B사가 한국에 설립한 훈련전문기관을 통해서 1개월간 미리 교육을 수료하는 방식으로 진행된다. 한국의 수입자 B의 거래현황은 아래와 같다. 2016년 1차 선적수입분에 대하여 과세가격을 결정하기 위한 제반요소를 고려하여 합당한 과세가격을 계산하시오.

1. 수입된 물품은 국내판매에서 어떤 변형을 거치지 않고 원상태로 국내사용자에게 판매되고 있다.
2. 미국의 수출자 A는 매 선적 시 10개 단위, 개당 10만달러로 한국의 수입자 B에게 수출하고 있다.
3. 국내수입자 B는 미국의 수출자 A가 100% 투자한 한국기업으로 특수관계에 있다.
4. 2016년 총 6번의 선적을 계획하고 있고 첫 번째 선적의 경우 단위가격은 10만달러로 10개 단위를 2월 중에 한국도착 조건으로 미국의 제조업자인 수출자 A가 판매하는 조건이다.
5. 반도체 자동화장비시스템의 작동을 위한 교육비는 구매자가 10개 단위로 구매 시마다 2,000달러를 미국의 수출자 B에게 지불한다.
6. 국내수입자 B는 매 선적분 수입품 판매로 인해 발생하는 수익 중 일부금액 조로 2,000달러를 미국의 수출자 A에게 지급한다.
7. 미국의 수출자 B는 한국의 다른 수입자에게도 한국수입자 B에게 판매되는 금액으로 수출할 때도 있다.

1. 서론

거래가격채택요건이라 함은 구매자가 판매자에게 실제 지급하였거나 해야 할 가격에 일정비용을 가산조정한 금액이 있더라도 이를 몇 가지 조건을 충족하는 경우에만 과세가격으로 인정하는데 이때의 조건을 거래가격채택요건이라 한다.

과세가격결정 원칙인 이른바 제1방법으로 결정한 과세가격인 거래가격은 당해 물품에 대하여 구매자가 실제로 지급하였거나 지급할 가격에 기초하여 정해진다. 이때의 실제로 지급하였거나 지급하여야 할 가격이란 구매자가 판매자에게 이미 지급하였거나 향후 지급할 수입물품의 대가를 말한다. 일반적으로 송품장 및 신용장 등의 무역서류에 나타나는 당해 수입물품의 가격과 같다. 그러나 만약 송품장 등에 표시된 가격에 상당하는 금액 외에 다른 형식이나 명목으로 지급하는 당해 물품의 대가가 더 존재한다면 이 금액도 포함된 총금액이 실제로 지급하였거나 지급해야 할 가격이 된다. 다만, 구매자가 지급하는 총금액에 수입물품이 우리나라에 도착한 이후에 발생하는 비용이나 연불수입에 따른 이자비용 등이 포함되어 있는 경우에는 이들 비용은 공제하고 남은 금액을 말한다. 실제지급가격에는 아직 지급되지는 않았지만 앞으로 지급할 가격도 포함된다. 따라서 “실제로”라는 말이 실제로 지급된 가격, 즉 구매자가 대금을 지불함으로써 계약을 이행한 경우의 가격만을 지칭하는 것은 아니다. 이때의 실제로는 정상가격과 같은 관념적인 가격이 아니라 실제로 국제무역시장에서 거래된 가격, 즉 실증적인 가격을 의미하는 것이다. 그런데 과세가격을 결정하는 방법은 우리나라에 수출하기 위하여 판매되는 물품에 대하여 구매자가 수출자에게 실제로 지급하였거나 지급하여야 할 가격에 일정한 비용을 가산하여 조정한 거래가격이라 할지라도 다음에 설명하는 요건을 충족하는 경우에만 과세가격으로 될 수 있음을 우리나라 관세법(제30조 제3항)에서는 명시하고 있다.

신고되는 수입물품의 거래가격이 아무런 문제없이 과세가격으로 인정받기 위해서는 우선 그 물품이 수입국에 수출판매된 가격이어야 하며, 다음으로 그 물품에 대한 대가로서 구매자가 실제로 지급하였거나 지급하여야 할 그 거래가격에 협정 제8조에서 규정하고 있는 가산요소에 해당하는 비용을 가산하여 조정한 가격이어야 한다. 그러나 여기에 해당하는 거래가격이라 할지라도 언제나 모두 과세가격으로 인정되는 것은 아니다. WTO평가협정 제1조 제1항에서는 구매자와 판매자 간의 거래가격이 과세가격으로 인정받기 위한 4가지의 요건을 규정하고 있으며, 우리나라(관세법 제30조 3항)에서도 동일하게 규정하고 있다. 즉, 거래가격 적용배제요건이라고 하는 것들이다. 이들 4가지 요건을 살펴보면, 첫째 구매자가 상품을 처분 또는 사용함에 있어서 제한이 없어야 할 것, 둘째 당해 물품에 대한 거래의 성립 또는 가격의 결정이 금액으로 계산할 수 없는 조건 또는 사정에 의하여 영향을 받지 않았을 것, 셋째 수입 후의 전매 · 처분사용에 따른 수익의 일부가 판매자에게 귀속되지 아니할 것, 넷째 구매자와 판매자 간의 특수관계가 당해 물품의 가격에 영향을 미치지 않았을 것으로 규정하고 있는데 이상과 같은 4가지 요건을 거래가격채택 요건이라 할 수 있다.

2. 거래가격채택요건 검토

1) 당해 물품의 처분 또는 사용에 제한이 없을 것

일단 구매자와 판매자 간에 자유로운 의사에 의해 매매계약이 유효하게 성립되게 되면 구매자에게는 판매자에게 대금을 지급해야 할 의무가 발생하게 되고 판매자에게는 당해 물품을 구매자에게 정상적으로 이전해 주어야 하는 의무가 발생하게 된다. 또한 당해 물품의 소유권을 확보하게 된 구매자로서는 그 물품을 수입하여 언제 어떻게 어떤 방법으로 처분할 것인지에 대하여는 전적으로 스스로의 의사와 판단에 의하여 결정할 수 있는 권한을 갖게 되는 것이 당연하다. 그러나 만약 구매자와 판매자 간의 거래계약조건에 구매자의 이와 같은 재산권을 자유롭게 행사하는 것을 제한하는 별도의 특별한 약정이 있다면 구매자로서는 자신이 소유권을 갖고 있는 물품에 대하여 완전한 의미의 재산권을 확보하지 못한 결과가 되는 것이고, 따라서 이와 같이 불완전한 상태의 재산권을 양도받는 데에는 그에 상당하는 금전적 또는 금전으로 계량가능한 대가의 일부를 판매자가 양보 또는 희생하였을 것이라는 판단이 논리적으로 가능해진다. 결국 이와 같은 구매자에 대하여 가하여지는 사용 또는 처분상의 제한이 문제가 되는 것은 그러한 제한이 수입물품의 가격결정에 영향을 미치게 되기 때문인 것이다. 달리 말하면 그러한 제한이 없었을 경우라면 구매자와 판매자 사이에 달리 합의될 수 있었던 당해 수입물품에 대한 가치가 그 같은 제한이나 조건이 추가로 부여됨으로써 조정 · 왜곡되게 되고 세관에 제시되는 가격인 구매자와 판매자 간의 외형상의 거래가격은 왜곡된 가격이라는 것이다.

그렇다고 해서 당해 상품을 구매자가 사용 · 처분하는 데 있어서 조금이라도 어떤 제한이나 조건이 가해지는 경우에는 예외 없이 당사자 간의 실제가격을 과세가격결정의 기초로 삼아서는 아니 된다는 뜻은 아니다. 외견상 당해 수입물품의 사용 또는 처분에 어떠한 제한이나 부담을 발생시키는 경우라 할지라도 그러한 제한이나 조건이 당사자 간에 합의된 거래가격을 과세가격의 기초로 하는 데 영향을 주지 않는 것이거나, 당사자 간의 의사와는 관계없이 가하여지는 것이라면 그 거래가격을 과세가격으로 채택하는 것을 일방적으로 거부하여서는 아니 된다. 본 문제에서는 당해 물품의 처분 또는 사용에 제한이 없으므로 고려할 필요가 없는 것이다.

2) 당해 물품에 대한 거래의 성립 또는 가격의 결정이 금액으로 계산할 수 없는 조건 또는 사정에 의하여 영향을 받지 않았을 것

수입물품에 대한 거래의 성립 또는 가격이 어떤 조건이나 사정에 의해 영향을 받아 결정되었다면 외견상의 거래가격이 존재한다 할지라도 그 거래가격은 왜곡된 것이므로 과세가격으로 채택할 수 없다는 것이다. 이와 같은 조건 또는 사정이라는 것을 예를 들면, 첫째 당해 물품의 가격이 특정 수량의 다른 물품을 사는 조건으로 결정되는 경우, 둘째 당해 물품의 가격이 구매자가 판매자에게 파는 다른 물품의 가격에 따라 결정되는 경우, 셋째 판매자가 반제품을 구매자에게 공급하고 그 완제품의 일정수량을 받은 경우 등을 들 수 있다(관세법시행령 제22조 제2항).

일반적으로 판매자는 자기 물품을 가능한 한 높은 가격으로 팔고자 하고 구매자는 반대로 되도록 낮은 가격으로 사고자 할 것이므로 거래가 성립된 때의 가격은 이 같은 양자의 희망이 일정한 수준까지 조정된 결과라 할 수 있다. 이같이 판매자와 구매자 양측의 희망 또는 요구가 조정되어 일정수준의 합의에 도달하기까지 이들 양측은 거래대상물품의 가치나 품질, 거래수량 또는 대가지급의 조건 등은 물론 관련 시장의 동향 및 향후의 전망, 수요, 공급상황 등 여러 가지 사항을 고려하게 된다. 넓게 보면 이 같은 제반사항은 모두 당해 거래의 성립 또는 당해 물품의 가격을 결정하는 데 직 · 간접적으로 영향을 미치는 조건 또는 고려사항이라 할 수 있다. 그러나 실제의 거래에서 이 같은 사항에 의하여 거래의 성립 또는 가격이 좌우되거나 영향을 받는 것은 지극히 당연하고 자연스러운 관행이라 할 수 있다.

국제무역에서의 거래의 성립 또는 가격결정 또한 이 같은 일반적인 관행의 산물이라고 할 수 있다. 따라서 이 같은 관행을 통하여 얻어진 거래가격은 통상의 상관행을 잘 반영하는 것이므로 이때의 판매자와 구매자의 가격결정에 영향을 미친 조건이나 사정은 관세평가의 관점에서 아무런 문제가 되지 않는다. 결국 어떤 조건이나 사정이 국제무역상 또는 당해 물품 관련 산업계에서 이미 확립된 일반적 관행에 속하는 것이 아니고 특정한 판매자와 구매자 간에 또는 특정한 거래에서만 나타난 것이어서 그로 인하여 거래가격이 거래의 실체를 반영할 수 없는 경우에만 문제가 된다. 또한 그 조건 또는 사정이란 막연히 외부로부터 주어진 환경이나 시장조건을 뜻하는 것이 아니라 당해 거래의 성립 또는 가격의 결정을 위하여 구매자나 판매자가 수행해야 할 구체적인 활동을 뜻한다. 뿐만 아니라 어떤 조건 · 사정이 일반적인 상관행에 속하는 것이 아닌 경우라 할지라도 그것이 금액으로 계산될 수 있는 경우에는 그 금액을 물품의 가격에 더하여 실제지급가격을 확정할 수 있으므로 이 경우도 역시 거래가격을 과세가격으로 하는, 다시 말하면 과세가격의 적용에 있어서 제1방법을 적용하여도 아무런 문제가 되지 않는다.

본 문제에서는 훈련이라는 조건에 의한 거래라 할지라도 그 조건에 의한 내용, 즉 훈련비용은 계산된 금액으로 나타나 있어서 이 금액을 과세가격에 추가할 수 있고 매 선적분 10개 단위구매당 $2,000를 지급하게 되므로 이 금액은 과세가격에 포함될 수 있을 것이다.

3) 수입 후의 전매 · 처분 · 사용에 따른 수익의 일부가 판매자에게 귀속되지 않을 것

당해 물품을 수입하여 전매 · 처분 또는 사용 후에 얻어진 수익 중

직 · 간접으로 판매자에게 되돌려지는 부분이 있는 경우 그 거래가격은 과세가격으로 채택할 수 없다. 전매 · 처분 또는 사용에 따른 수익이라 함은 당해 수입물품을 직접 대상으로 하는 판매대금, 임대료, 사용료 등을 말한다. 그러나 당해 물품을 국내 기업에 현물출자하고 그 과실로서 받는 주식배당금은 포함되지 않는다. 다만 이같이 판매자에게 귀속되는 수익이 있는 경우의 거래가격을 과세가격으로 채택할 수 없다고 하는 것은 당해 물품의 수입 후의 처분 등에 따른 수익 중 일부를 판매자에게 되돌려준다는 조건으로 물품의 가격이 왜곡될 수 있다는 것 때문이므로 그 판매자에게 귀속된 수익을 금액으로 산출하여 실제지급가격에 가산 조정할 수 있다면 그 조정된 거래가격은 과세가격으로 채택할 수 있다.

본 문제에서는 전매 · 처분 또는 사용 후에 얻어진 수익 중 직 · 간접으로 판매자에게 되돌려지는 부분이 매 선적분 판매수익 중 $2,000는 수입가격에 포함시켜야 한다.

4) 구매자와 판매자 간의 특수관계가 당해 물품의 가격에 영향을 미치지 않았을 것

구매자와 판매자가 특수관계에 있는 경우 양자 간에 결정된 거래가격을 과세가격으로 채택하기 어려운 것은 이때의 표면상 거래가격은 본래 구조상 왜곡된 것일 수 있는 가능성이 높기 때문이라 할 수 있다. 예를 들면, 모회사인 판매자가 자회사에게 물품을 수출하고 그 대가의 일부를 다른 거래에서의 채무와 상계하는 등과 같은 회계처리가 독립된 판매자와 구매자 간의 거래에서보다 훨씬 손쉽게 일어날 수 있기 때문이다. 따라서 특수관계가 가격에 영향을 미친 경우에는 제1방법의 적용을 배제할 수 있다. 그렇지만 특수관계와 특수관계로 인한 가격영향이 매우 복잡한 사안이므로 관세법에서는 특수관계의 범위와 특수관계의 가격 영향 문제를 매우 구체적으로 규정하고 있다.

구매자와 판매자 간에 특수관계가 있으면 언제나 가격왜곡이 나타난다고 할 수 없다. 따라서 다음의 경우와 같이 그 특수관계가 가격결정에 영향을 미치지 않았거나 영향을 미치지 않았음을 인정할 수 있는 경우에는 특수관계자 간의 거래가격이라 할지라도 제1방법을 적용하는 데는 문제가 될 것이 없다고 할 수 있다. 첫째, 특수관계가 없는 자 간의 통상적인 가격결정방법으로 가격이 결정되는 경우, 둘째 당해 산업부문의 정상적인 가격결정 관행에 부합되는 방법으로 가격이 결정되는 경우, 셋째 비교가격에 접근하는 가격임을 입증하는 경우로 규정하고 있다 (관세법 시행령 제23조 제2항의 1,2,3).

본 문제에서는 미국의 수출자 A와 한국의 수입자 B 간의 특수관계가 존재하지만 양자 간에 거래되는 가격은 특수관계가 없는 자 간의 통상적인 가격결정방법으로 가격이 결정되었으므로 정상적인 가격이라 할 수 있다.

3. 과세가격의 결정

본 거래에 대한 내용을 평가협정의 규정과 관세법 및 시행령에 관련된 규정을 종합적으로 검토해볼 때 다음과 같이 과세가격을 계산해볼 수 있다.

1) 국내 수입액의 계산

우선 1방법에서 고려되는 수입의 개념은 최초의 상업적 거래를 규정하고 있으므로 이러한 거래에 대해서만 고려하여야 하는데, 본 문제의 경우 미국의 수출자 A가 한국의 수입자 B에게 판매한 가격을 계산해야 한다. 수입자 B가 2016년 1차 선적수입분의 상품가격은 개당 $10만, 10개를 수입하였으므로 수입가격은 $100만($10만×10=$100만)이며 이 금액이 수입가격이 된다. 비록 미국의 수출자 A와 한국의 수입자 B 간에 특수관계가 있다 할지라도 이들 양자 간 거래가격은 특수관계가 없는 구매자와 판매자 간 통상의 가격과 동일한 가격이므로 실제거래가격으로 인정될 수 있다.

2) 조정요소의 고려

한편 본 거래가 자동화장비기계시스템 수입품의 사용자가 반드시 훈련을 받아야 한다는 조건부로 수입하였지만 이러한 조건이 계산될 수 있는 조건이므로 1회 선적수입분의 자동화장비기계시스템에 대한 훈련비용 $2,000를 수입가격에 포함되는 조정요소로 계산할 수 있다. 또한 한국의 수입자 B가 수입된 기계시스템의 판매로부터 얻는 이익 중 $2,000를 미국의 수출자에게 지급하고 있으므로 이 금액은 수입하여 전매 · 처분 또는 사용 후에 얻어진 수익 중 직 · 간접으로 판매자에게 되돌려지는 금액에 해당되므로 이를 과세가격에 포함시켜야 한다.

따라서 과세가격에 포함되는 조정요소는 $4,000(훈련비용 $2,000+사후 이익귀속분 $2,000=$4,000)이다.

3) 본 거래에서의 실제과세가격 산정

제1방법 적용 시 과세가격은 수입가격 $1,000,000+조정요소 $4,000(훈련비용 $2,000+사후이익 귀속분 $2,000)=$1,004,000로 계산된다.

〈예제 5〉

산정가격을 기초로 한 관세평가와 과세가격 결정

1. 서론

2. 산정가격의 구성 및 계산

3. 생산비의 계산

1) 당해 수입물품의 생산에 사용된 자재 및 생산(조립)에 소요되는 비용 또는 가격
2) 기타 가공에 소요되는 추가비용 또는 가격
3) 수출국에서의 통상적인 이윤 및 일반경비

4. 수입항까지의 운임 · 보험료 및 기타 운송관련비용

5. 과세가격의 결정

1) 수입품의 생산비
2) 기타 가공에 소요되는 추가비용
3) 수출국에서의 통상적인 이윤 및 일반경비
4) 수입항까지의 운임 및 보험료비용의 계산
5) 본 거래에서의 과세가격의 산정

미국의 수출자인 제조업자 A는 한국에 주재하는 자신의 자회사인 한국 현지법인 B에게 반도체 검사물품을 선적하였고 한국의 현지법인은 미국 수출업자가 자신에게 수출한 물품의 대금은 $10,000로 한국의 세관에 수입신고하여 통관하였다. 국내 총판매액의 크기가 객관적 증빙에 의해 계산되어 있다고 하자. 한편 생산비에 대한 자료는 미국 내에서 일반적으로 적용되는 회계원칙에 입각한 자료이다. 미국 내 동 수출품을 생산하는 동종업계의 통상적인 이윤은 $7,000이며 일반경비는 $4,000이다. 과세가격을 결정하기 위한 제5방법인 산정가격을 기초로 한 관세평가를 고려하면 실제과세가격이 얼마인지를 계산하시오.

1. 미국의 수출자 A와 A의 한국 현지법인 B는 특수관계에 있는 거래이다.
2. 본 거래의 특성을 검토한 결과 과세가격 산정은 제5방법을 적용하는 경우로 결정되어 있다.
3. 한국의 현지 자회사 B가 수입한 물품을 $30,000에 한국 내 구매자에게 판매하였다. 여기서 최대판매수량의 단위가격은 국내판매가격과 같다고 가정한다.
4. 미국의 수출자인 제조업자는 한국에 수출한 물품을 제조하는 데 투입된 총생산자재비 및 제조 · 조립비용은 한국에서 생산지원한 비용을 제외한 금액이 $0,000이었다.
5. 그런데 본 제품을 포장하는 데 소요된 비용은 $1,000로서 이 비용은 한국의 자회사가 부담하여야 할 가격이다.
6. 한편 미국 내 본 수입품을 제조하기 위해 투입되는 철강재는 미국 수출자 A가 부담하지 않고 한국의 수입자 B가 $5,000 부담하였다. 이것은 A의 한국 현지법인이 미국 수출자인 제조업자에게 무상으로 제공한 것이다.
7. 수입물품을 한국으로 운송하는 데 소요된 총운임은 $1,000, 보험료는 $200이다.

8. 미국의 수출자인 제조업자가 실현한 이윤은 $10,000이고 일반경비는 $5,000이다.

1. 서론

산정가격이란 당해 수입물품을 생산하기 위하여 투입된 원 · 부자재 비용과 인건비, 기타 생산부대비용, 일반관리비 등의 생산원가와 수출국에서의 국내 운송비용, 수출자의 이윤 그리고 수입항에 도착할 때까지 소요된 운송비용 등 수입물품의 과세가격을 구성하는 모든 요소의 비용 또는 그에 해당하는 금액을 모두 계산하여 합산하는 것을 말하며, 이와 같이 산정가격을 기초로 하여 과세가격을 결정하는 과세가격결정방법을 관세평가협정상의 5번째 평가방법인 산정가격방법이라고 한다.

제1방법 내지 제3방법은 당해 수입물품이든 아니면 동종동질 또는 유사물품인 제3의 물품이든 간에 수출자와 구매자 간의 거래가격을 기초로 하여 과세가격을 결정하는 방법이다. 역산가격방법인 제4방법은 물품이 수입국 내에서 재판매되는 가격을 기초로 하여 과세가격을 결정하는 방법이다. 따라서 이들 4가지 방법은 모두 어떤 물품이 실제로 거래된 결과 형성되는 실제상의 판매가격을 과세가격 결정의 기초로 하고 있다는 공통점이 있다. 그러나 5번째 평가방법인 산정가격방법은 당해 수입물품을 생산하는 데 소요된 제조원가 및 이윤 그리고 수입항까지 도착하는 데 소요되는 제반 과세가격 구성요소에 해당하는 비용들을 모두 합산한 가격을 기초로 하게 되므로 당해 수입물품의 실제 이루어진 거래가격과는 전혀 관련이 없다. 이 점에서 산정가격방법은 앞에서 설명한 4가지 관세평가방법과는 본질적으로 그 성격이 다르다. 물품의 생산과정에 대한 이해와 원가분석이 필수적이기 때문이다. 따라서 산정가격방법에 의한 과세가격 결정을 원활하게 이행하기 위해서는 다른 평가방법에 비하여 회계 분석, 그 중에서도 특히 원가계산회계 분야에 관한 많은 지식과 기술이 요구된다.

산정가격결정방법에 있어서 무엇보다 고려해야 할 사항 중의 하나는 제4방법인 역산가격방법과 관련하여 만약 납세의무자(또는 수입자)가 제5방법인 산정가격방법을 제4방법인 역산가격방법에 우선하여 적용하여 요청하는 경우에는 평가방법의 우선순위에도 불구하고 산정가격방법을 먼저 적용하여야 한다는 점이다. 이러한 평가방법의 적용순서에 대한 수입자의 선택권은 관세평가협정의 일반서설 제3항에 규정되어 있다. 관세법에서는 제33조 제1항 본문 단서에 "납세의무자의 요청이 있는 경우에는 제34조(산정가격방법)의 규정에 의할 수 있다"는 내용으로 동일하게 규정되어 있다.

그러나 이러한 납세의무자의 과세가격결정방법에 대한 선택권은 역산가격방법(제4방법)과 산정가격방법(제5방법)에 국한되는 것이라는 점에 유의할 필요가 있다. 제1방법, 즉 거래가격을 기초로 한 과세가격결정이 가능한데도 불구하고 납세의무자가 산정가격결정방법의 적용을 요청한다고 해서 산정방법을 적용하려는 것은 옳지 않다.

2. 산정가격의 구성 및 계산

관세평가협정 제6조에 의하면 산정가격은 다음 구성요소의 합계금액으로 산정된다. 평가대상인 당해 수입물품의 과세가격은 다음 구성요소들의 비용이나 가격을 모두 집계하여 합산함으로써 완성되게 된다. 이를 살펴보면, 첫째 수입물품의 생산에 사용된 자재 및 생산 또는 다른 가공에 소요되는 비용 또는 가격, 둘째 수입국에 수출하기 위하여 수출국 내 생산자가 제조한 평가대상 물품과 동종 또는 동류의 물품판매 시에 통상적으로 반영되는 것과 동등한 이윤과 일반경비의 금액, 셋째 관세평가협정 제8조 제2항에 따라 회원국이 선택한 평가방법을 반영하기 위해 필요한 제반 다른 경비의 비용 또는 가격의 요소로 구성된다.

위와 같이 협정에서 규정하고 있는 산정가격의 구성요소 첫째와 둘째의 경우는 우리나라 관세법 제34조에서 규정하고 있는 구성요소 제1호와 제2호와 동일하다. 다만 관세평가협정에서 규정하고 있는 세 번째의 경우는 관세평가협정 제8조 제2항에서 "운임, 보험료 및 기타 운송관련비용"을 과세가격에 포함시킬 것인지 여부에 대해서는 각국의 결정에 위임하고 있기 때문에 "회원국이 선택한 평가방법"이라고 표현하고 있다. 그러나 우리나라 관세법 제34조 제3호에서는 "당해 물품의 수입항까지의 운임 · 보험료 기타 운송에 관련되는 비용으로서 관세법 제30조 제1항 제6호의 규정에 의하여 결정된"이라고 운임 등이 산정가격의 구성요소임을 명확히 하고 있다. 따라서 이들 구성요소에 해당되지 않는 비용요소들은 산정가격을 구성하는 데 있어서 합산대상이 아니다.

3. 생산비의 계산

1) 당해 수입물품의 생산에 사용된 자재 및 생산(조립)에 소요되는 비용 또는 가격

여기에는 당해 수입물품을 생산하기 위하여 투입된 원 · 부자재 및 부품 등의 비용과 조달에 따른 부대비용, 인건비 등 일반적 개념의 제반 생산비용이 해당된다. 즉, 생산에 사용된 자재에는 목재, 철강재, 금속, 섬유 등과 같은 원 · 부자재와 이들 원 · 부자재를 생산현장까지 조달 · 운송하는 데 소요되는 비용, 조립식 부품이나 부분품 등이 해당된다. 다만 재활용할 수 있는 조각이나 생산국에서 부과하는 내국세로서 수출 시에 환급되는 것은 포함 대상이 아니다. 생산 또는 기타 가공에 소요되는 비용 또는 가격에는 모든 유형의 직접노무비와 생산공정에 투입되는 기계나 장비의 직 · 간접적인 유지관리비용 등이 포함된다. 또한 이러한 생산비와 관련된 비용은 생산자가 직접 제출하거나 또는 생산자를 대신하여 제출되는 평가대상 물품의 생산에 관한 정보를 기초로 결정된다. 이 경우 생산자의 회계장부가 물품의 생산국에서 적용되는 일반적으로 인정되고 있는 회계원칙에 부합되는 한 이를 기초로 하여야 한다. 일반적으로 인정되고 있는 회계원칙에 반하는 생산요소비용은 제조자(생산자)가 주장한다고 해서 이를 반영할 수 없는 것임은 물론이지만, 세관당국에서도 회계원칙에 반하여 특정 생산요소비용을 배제하고자 해서도 아니 된다.

본 거래에서 계산되는 생산자재 및 가공에 소요되는 비용은 $10,000이다.

2) 기타 가공에 소요되는 추가비용 또는 가격

상기에 언급된 생산비용 이외에도 특히 다음과 같은 비용들은 추가로 합산되어야 한다. 관세평가협정 제6조에 대한 주해 제3항에서는 산정가격방법 적용 시 "비용 또는 가격"에는 다음과 같은 금액이 포함되어야 한다고 강조하고 있다.

첫째, 관세평가협정 제8조 제1항 (가)호 (2) 및 (3)조항으로 이는 우리나라 관세법 제30조 제1항 제2호에서 동일하게 규정되어 있는데 여기에 해당되는 비용으로서는 당해 물품과 동일체로 취급되는 용기의 비용, 당해 물품의 포장에 소요되는 노무비 및 자재비이다. 평가협정 제8조 제1항에서는 구매자에 의하여 부담되지만 구매자가 판매자에게 실제로 지불하였거나 지불하여야 할 가격에 이들 비용이 포함되어 있지 않은 경우에는 거래가격에 이들 비용을 가산하도록 하고 있다. 이렇게 하는 이유는 일반적으로 이들 요소들은 생산과정에서 당해 물품을 상품화시키는 최종 마무리 과정에서 투입되고 수행되는 것들이므로 생산자가 부담하는 것이 당연하지만 만약 구매자가 이들 비용을 부담하겠다고 하여 이들 비용을 실제 부담했는데도 불구하고 거래가격에 포함되지 않았다면 이를 가산하여 제1방법에 의한 관세평가가 이루어져야 한다는 취지에서이다. 이상의 내용을 종합하면 산정가격방법에서는 생산자(수출자)가 구매자(수입자)에게 수출판매한 거래가격(과세가격)을 생산자(수출자)의 입장에서 재구성하는 평가방법이므로 이들 비용이 재구성되는 거래가격에 포함만 되면 그것으로 충분한 것일 뿐, 그것들이 생산자(수출자)가 자신의 부담으로 투입되었는지 아니면 구매자(수입자)의 부담으로 제공된 것인지 여부는 문제가 되지 않는다.

둘째, 관세평가협정 제8조 제1항 (나)호로 우리나라 관세법 제30조 제1호 제3호 및 동 시행령 제18조의 생산지원에 관한 규정에 명시된 요소의 가격으로서 적절히 배분된 가격의 문제이다. 제1방법에 의한 과세가격 결정 시 구매자가 생산자(수출자)에게 무료 또는 인하된 가격으로 직접 또는 간접으로 제공한 생산지원비용이 지불하였거나 지불하여야 할 가격에 포함되어 있지 않았다면 이를 가산하여야 한다. 그것이 관세평가협정 제8조 제1항 (나)호의 취지이다. 따라서 산정가격방법에 따라 구매자가 수출자에게 실제로 지불하였거나 지불하여야 할 가격을 재구성함에 있어서도 이러한 생산지원에 해당되는 비용이 존재한다면 산정해야 하는 실제가격에 포함되어야 한다. 그리고 앞에서 언급한 포장용기와 포장비용의 경우와 마찬가지로 이러한 생산지원을 구매자가 무료 또는 인하된 가격으로 제공했는지 아니면 정상가격으로 제공했는지 여부를 따질 필요 없이 이러한 생산지원이 존재하면 그에 해당되는 금액을 산정되는 재구성가격에 포함시켜야 한다. 제1방법에서는 구매자가 무료 또는 인하된 가격으로 제공했는지 여부를 살펴보았지만 5방법에서는 이를 따질 필요가 없다는 점에서 차이가 있다.

본 거래에서 기타 생산에 추가로 합산되는 가공비용인 포장비용 $1000, 미국의 수출자인 제조자에게 무상으로 제공된 생산지원비 $5,000는 생산비에 합산되어야 한다.

3) 수출국에서의 통상적인 이윤 및 일반경비

산정가격의 세 번째 구성요소는 "수출국 내의 생산자가 수입국에 수출판매하기 위하여 제조한 당해 수입물품과 동종 또는 동류의 물품판매 시 통상적으로 반영되는 이윤 및 일반경비에 해당하는 금액"(관세법 제34조 제2호)에 관한 것이다. 그런데 여기서 간과하지 않아야 할 것은 여기서 말하는 이윤 및 일반경비는 당해 수입물품을 수출판매하는 과정에서 수출자가 실제로 확보한 이윤이나 지출된 일반경비가 아니라, 당해 물품을 수출한 나라에서 해당하는 물품을 수출판매하는 경우에 통상적으로 반영하는 것과 동등한 수준의 이윤 및 일반경비의 금액(즉, 이윤 및 일반경비에 상당하는 금액)이라는 점이다.

수출자가 당해 수입물품을 수출판매하는 과정에서 실제로 확보한 이윤과 실제로 지출된 일반경비를 적용하는 것이 아님에 주의할 필요가 있다. 이점에 있어서 앞에서 살펴본 생산비용의 경우 당해 수입물품의 생산과정에 실제로 지출된 원 · 부자재 비용이나 생산지원비용 등을 토대로 하여 산정하는 것과 차이가 있다. 이와 같이 이윤 및 일반경비에 대하여는 동종 업계의 통상적인 수준을 토대로 하는 이유는 이윤 및 일반경비의 경우 제조자(생산자)의 자의적인 조직이나 배분이 쉽기 때문에 그가 제시하는 가격자료의 객관성이나 정당성을 완전히 신뢰하기 어렵다는 점을 고려한 것이다. 특히, 제조자(생산자), 수출자 및 수입자는 특수관계에 의하여 연결되어 있는 다국적기업집단인 경우 관세를 포함한 각종 제세공과금 등 공적 비용의 부담을 최소화하기 위하여 자의적으로 이윤 및 일반경비를 다국적기업집단 소속 기업 간에 왜곡 · 분산 · 조정할 수 있다는 점을 고려한 측면이 있는 것이라 할 수 있다.

통상적인 금액이란 수출국에서의 제조자(생산자)들이 수입국인 우리나라에 수출하기 위하여 제조한 동종 또는 동류의 물품에 반영되는 금액을 말하는 것이며, 당해 물품을 생산한 나라에서의 생산자들이 반영하는 금액이나 수출국 내에서의 국내판매나 다른 제3국으로의 수출판매 시에 반영되는 이윤이나 일반경비도 여기에 해당되지 않는다는 점에도 유의해야 한다. 당해 물품의 생산자와 수출자가 동일한 국가에 속하는 경우에는 혼란의 여지가 없으나 당해 물품의 생산국과 수출국이 상이한 경우에는 혼란의 여지가 많으므로 이점도 주의할 필요가 있다. 본 문제에서는 생산자와 수출자가 동일한 국가에 속하는 경우로 이런 혼란의 여지는 없는 경우이다. 일반경비에는 관세평가협정 제6조 제1항 (가)호(당해 수입물품의 생산 · 조립 또는 기타 가공에 사용되는 비용 또는 가격)에 포함되지 않은 당해 물품의 생산 및 수출판매를 위한 직접비 및 간접비가 모두 포함된다. 이윤과 일반경비를 산정함에 있어 "이윤 및 일반경비의 합계액에 상당하는 금액"은 생산자가 자신에 의하여 또는 생산자를 대신하여 제공되는 자료를 기초로 하여 결정된다. 그러나 당해 자료에 제시된 수치가 당해 수입물품을 수출한 나라의 생산자가 동종 또는 동류의 물품을 수입국으로 수출판매하는 경우에 있어서 적용하는 통상적으로 포함되게 되는 이윤 및 일반경비의 합계액에 관한 수치와 차이가 있는 경우에는 생산자 측이 제공하는 자료를 기초로 하여 결정할 수 없다.

한편 이윤과 일반경비에 대하여 협정과 관세법에서는 이들(이윤과 일반경비)을 일체로서 취급하여야 한다고 규정하고 있다(평가협정 제5조에 대한 주해 제6항, 관세법시행령 제27조 제4항). 일체로서 취급한다는 의미는 통상의 이윤과 통상의 일반경비를 각각 별도로 구분하여 산출하지 않아야 한다는 의미이다. 회계처리의 이론상 이윤과 비용항목은 각각 별개의 계정과목이므로 이들을 서로 구분하여 계산하는 것은 얼마든지 가능할 것이나, 회계적인 면에서 보면 매출액에서 매입원가와 비용을 차감한 결과가 이윤으로 시현되는 것이므로 사실상 이들을 별개로 구분하여 계산할 실익은 거의 없다고 할 수 있다. 왜냐하면 일반경비가 많아지면 이익의 규모가 줄어들게 되고 일반경비가 적어지면 이익의 규모가 증가하게 되기 때문이다. 다시 말하면 생산자의 이윤금액이 낮거나 또한 생산자의 일반경비가 높은 경우에도 생산자의 이윤 및 일반경비의 합계액이 전체적으로는 동종 또는 동류물품의 판매에서 나타나는 통상적인 수준의 이윤 및 일반경비의 합계액 수준과 차이가 없다면 이는 적절한 것이므로 문제가 되지 않는다는 의미이다.

본 거래에서 이윤 및 일반경비는 미국의 수출자인 제조자가 제시하는 이윤 및 일반경비는 인정되지 않고 동종 또는 동류물품의 판매에서 나타나는 통상적인 수준의 이윤 및 일반경비에 따라 수입물품의 산정가격에 포함되어야 하므로 통상의 이윤과 일반경비 각각 $7,000와 $4,000를 일체로 생산비에 합산하여야 한다.

4. 수입항까지의 운임 · 보험료 및 기타 운송관련비용

운임 및 보험료 등의 과세가격 포함 여부에 대해서는 우리나라는 CIF 주의를 채택하고 있기 때문에 수입항까지의 운임 및 보험료 그리고 기타 운송관련비용은 과세가격에 포함(관세법 제34조 제3호)된다. 여기서 간과하지 않아야 할 점은 “수입항까지의 운임, 보험료 및 운송관련비용”은 당해 수입물품에 대한 비용을 말하는 것이지 이윤 및 일반경비의 경우처럼 동종 또는 동류의 물품에 대하여 통상적으로 발생하는 비용이 아니라는 점이다.

본 거래의 경우 운임 $1000, 보험료 $200 모두 합산하여야 한다.

5. 과세가격의 결정

본 거래에 대한 내용을 평가협정의 규정과 관세법 및 시행령에 관련된 규정을 종합적으로 검토해볼 때 과세가격의 기초가 되는 과세가격을 다음과 같이 계산해 볼 수 있다. 본 문제의 첫 부분 거래조건에서 명시된 국내 판매가격에 대한 내용은 제5방법인 산정가격의 계산에서는 관련 없는 내용이므로 고려할 필요가 없으므로 이에 대한 설명은 생략하였다.

1) 수입품의 생산비

우선 제5방법에서 고려되는 생산비의 개념은 미국의 수출업자인 제조업자가 미국 내에서 생산에 필요한 원자재비용과 제조 · 가공비용으로 소요되는 $10,000이다.

2) 기타 가공에 소요되는 추가비용

본 거래의 경우 기타 생산에 추가로 합산되는 가공비용인 포장비용 $1,000, 미국의 수출자인 제조자에게 무상으로 제공된 생산지원비 $5,000는 생산자나 구매자의 비용부담 여부에 관계없이 생산비에 합산되어야 한다.

3) 수출국에서의 통상적인 이윤 및 일반경비

본 거래에서 이윤 및 일반경비는 미국의 수출자인 제조자가 제시하는 이윤 및 일반경비는 인정되지 않고 동종 또는 동류물품의 판매에서 나타나는 통상적인 수준의 이윤 및 일반경비에 따라 수입물품의 산정가격에 포함되어야 하므로 통상의 이윤과 일반경비 각각 $7,000와 $4,000를 일체로 생산비에 합산되어야 한다.

4) 수입항까지의 운임 및 보험료비용의 계산

본 거래의 경우 운임 $1,000, 보험료 $200 모두 합산되어야 한다.

5) 본 거래에서의 과세가격의 결정

제5방법 적용 시 과세가격은 다음과 같다.

수입품의 생산비 $10,000에 기타 가공 추가비용인 포장비용 $1,000, 미국의 수출자인 제조자에게 무상으로 제공된 생산지원비 $5,000를 합산하고 통상의 이윤과 일반경비 각각 $7,000와 $4,000 합산, 운임 $1,000, 보험료 $200를 모두 합산하면 실제 과세가격은 생산비 $10,000+포장비 $1,000+생산지원비 $5,000+통상의 이윤 $7,000+통상의 일반경비 $4,000+운임 $1,000+보험료 $200=$28,200로 계산된다.

〈예제 6〉

합리적 기준에 의한 과세가격의 결정

1. 서론

2. 산정가격의 구성 및 계산

3. 생산비의 계산

   1) 당해 수입물품의 생산에 사용된 자재 및 생산(조립)에 소요되는 비용 또는 가격

   2) 기타 가공에 소요되는 추가비용 또는 가격

   3) 수출국에서의 통상적인 이윤 및 일반경비

4. 수입항까지의 운임 · 보험료 및 기타 운송관련비용

5. 과세가격의 결정

   1) 수입품의 생산비

   2) 기타 가공에 소요되는 추가비용

   3) 수출국에서의 통상적인 이윤 및 일반경비

   4) 수입항까지의 운임 및 보험료비용의 계산

   5) 본 거래에서의 과세가격의 산정

합리적 기준에 의한 과세평가를 할 경우 고려해야 할 아래의 요소들에 대해 설명한 후 아래의 간단한 사례를 통해 과세가격의 결정을 설명하시오.

영국의 수출자인 제조업자 A는 한국의 수입자 B에게 금형제조기를 선적하였고 한국의 수입업자 B는 영국 수출업자가 자신에게 수출한 물품의 대금은 물품의 현재가치로 수출한 것이 아니라 임차수입물품의 형태로 수입하였다. 이때 한국의 수입업자 B는 수입가격을 임차수입기간 동안의 기간 지급해야 할 수입물품의 임차가격으로 한국의 세관에 수입신고하여 통관하였다. 이 경우 수입가격을 임차료를 기초로 수입가격을 결정해야 하는데 수입과 관련하여 추가적인 비용은 없다고 가정하자. 첫째, 과세가격을 결정하기 위한 제6방법인 합리적 가격을 기초로 한 관세평가를 고려하면 실제과세가격이 얼마인지를 계산하시오.

1. 합리적 기준에 의한 과세방법을 다음의 측면에서 설명하고 이러한 기준에 의할 때 다음 사례에서 과세가격을 결정하시오.
   ① 합리적 기준에 의한 과세가격의 결정 의의
   ② 평가원칙에 대한 협정 및 관세법상의 규정
   ③ 우선적으로 적용해야 하는 합리적 기준
   ④ 합리적 기준방법에서 사용할 수 없는 방법(우리나라에서 생산된 물품의 국내가격 측면, 수출국의 국내판매가격, 수입국 이외의 국가에 수출판매된 물품의 가격, 선택가능한 2개 이상의 가격 중 높은 가격의 선택, 동종동질 또는 유사물품에 대해 이미 결정된 산정가격 이외의 생산비용, 최저과세가격, 자의적이거나 가공적인 가격)
   ⑤ 합리적 기준에 의한 가격산정 사례
   임대차 수입물품의 과세가격 결정은 임대차 가격을 기초로 하여 과세가격을 정하는 것으로 결정되어 있다. 본 거래에서 수입물품의 잔여 내

구연한이 10년이고 임차료가 1년에 $200,000를 지급하며 수입기간은 5년 동안의 기간으로 계약을 하였다.

1. 서론

관세평가협정의 주해에서는 관세평가방법의 적용순위와 관련해 "관세의 과세가격은 제1종의 실거래가격방법(제1방법)에 따라 결정하되, 제1조의 규정에 따라 결정할 수 없을 경우에는 그 이후의 조문 중에서 과세가격을 결정할 수 있도록 하는 순번상의 첫 번째 조문에 따라 결정한다고 함으로써 산정가격이란 당해 수입물품을 생산하기 위하여 투입된 원 · 부자재 비용과 인건비 기타 생산 부대비용, 일반관리비 등의 생산원가와 수출국에서의 국내 운송비용, 수출자의 이윤 그리고 수입항에 도착할 때까지 소요된 운송비용 등 수입물품의 과세가격을 구성하는 모든 요소의 비용 또는 그에 해당하는 금액을 모두 계산하여 합산하는 것을 말하며, 이와 같이 산정가격을 기초로 하여 과세가격을 결정하는 과세가격결정방법을 관세평가협정상의 5번째 평가방법인 산정가격방법이라고 한다.

제1방법 내지 제3방법은 당해 수입물품이든 아니면 동종동질 또는 유사물품인 제3의 물품이든 간에 수출자와 구매자 간의 거래가격을 기초로 하여 과세가격을 결정하는 방법이다. 역산가격방법인 제4방법은 물품이 수입국 내에서 재판매되는 가격을 기초로 하여 과세가격을 결정하는 방법이다. 따라서 이들 4가지 방법은 모두 어떤 물품이 실제로 거래된 결과 형성되는 실제상의 판매가격을 과세가격 결정의 기초로 하고 있다는 공통점이 있다. 그러나 5번째 평가방법인 산정가격방법은 당해 수입물품을 생산하는 데 소요된 제조원가 및 이윤 그리고 수입항까지 도착하는 데 소요되는 제반 과세가격 구성요소에 해당하는 비용들을 모두 합산한 가격을 기초로 하게 되므로 당해 수입물품의 실제 이루어진 거래가격과는 전혀 관련이 없다. 이 점에서 산정가격방법은 앞에서 설명한 4가지 관세평가방법과는 본질적으로 그 성격이 다르다. 물품의 생산과정에 대한 이해와 원가분석이 필수적이기 때문이다. 따라서 산정가격방법에 의한 과세가격 결정을 원활하게 이행하기 위해서는 다른 평가방법에 비하여 회계분석, 그 중에서도 특히 원가계산회계 분야에 관한 많은 지식과 기술이 요구된다.

산정가격결정방법에 있어서 무엇보다 고려해야 할 사항 중의 하나는 제4방법인 역산가격방법과 관련하여 만약 납세의무자(또는 수입자)가 제5방법인 산정가격방법을 제4방법인 역산가격방법에 우선하여 적용하여 요청하는 경우에는 평가방법의 우선순위에도 불구하고 산정가격방법을 먼저 적용하여야 한다는 점이다. 이러한 평가방법의 적용순서에 대한 수입자의 선택권은 관세평가협정의 일반서설 제3항에 규정되어 있다. 관세법에서는 제33조 제1항 본문 단서에 "납세의무자의 요청이 있는 경우에는 제34조(산정가격방법)의 규정에 의할 수 있다"는 내용으로 동일하게 규정되어 있다.

그러나 이러한 납세의무자의 과세가격결정방법에 대한 선택권은 역산가격방법(제4방법)과 산정가격방법(제5방법)에 국한되는 것이라는 점에 유의할 필요가 있다. 제1방법, 즉 거래가격을 기초로 한 과세가격결정이 가능한데도 불구하고 납세의무자가 산정가격결정방법의 적용을 요청한다고 해서 산정방법을 적용하려는 것은 옳지 않다.

2. 산정가격의 구성 및 계산

관세평가협정 제6조에 의하면 산정가격은 다음 구성요소의 합계금액으로 산정된다. 평가대상인 당해 수입물품의 과세가격은 다음 구성요소들의 비용이나 가격을 모두 집계하여 합산함으로써 완성되게 된다. 이를 살펴보면, 첫째 수입물품의 생산에 사용된 자재 및 생산 또는 다른 가공에 소요되는 비용 또는 가격, 둘째 수입국에 수출하기 위하여 수출국 내 생산자가 제조한 평가대상 물품과 동종 또는 동류의 물품판매 시에 통상적으로 반영되는 것과 동등한 이윤과 일반경비의 금액, 셋째 관세평가협정 제8조 제2항에 따라 회원국이 선택한 평가방법을 반영하기 위해 필요한 제반 다른 경비의 비용 또는 가격의 요소로 구성된다.

위와 같이 협정에서 규정하고 있는 산정가격의 구성요소 첫째와 둘째의 경우는 우리나라 관세법 제34조에서 규정하고 있는 구성요소 제1호와 제2호와 동일하다. 다만 관세평가협정에서 규정하고 있는 세 번째의 경우는 관세평가협정 제8조 제2항에서 "운임, 보험료 및 기타 운송관련비용"을 과세가격에 포함시킬 것인지 여부에 대해서는 각국의 결정에 위임하고 있기 때문에 "회원국이 선택한 평가방법"이라고 표현하고 있다. 그러나 우리나라 관세법 제34조 제3호에서는 "당해 물품의 수입항까지의 운임 · 보험료 기타 운송에 관련되는 비용으로서 관세법 제30조 제1항 제6호의 규정에 의하여 결정된"이라고 운임 등이 산정가격의 구성요소임을 명확히 하고 있다. 따라서 이들 구성요소에 해당되지 않는 비용요소들은 산정가격을 구성하는 데 있어서 합산대상이 아니다.

3. 생산비의 계산

1) 당해 수입물품의 생산에 사용된 자재 및 생산(조립)에 소요되는 비용 또는 가격

여기에는 당해 수입물품을 생산하기 위하여 투입된 원·부자재 및 부품 등의 비용과 조달에 따른 부대비용, 인건비 등 일반적 개념의 제반 생산비용이 해당된다. 즉, 생산에 사용된 자재에는 목재, 철강재, 금속, 섬유 등과 같은 원·부자재와 이들 원·부자재를 생산현장까지 조달·운송하는 데 소요되는 비용, 조립식 부품이나 부분품 등이 해당된다. 다만 재활용할 수 있는 조각이나 생산국에서 부과하는 내국세로서 수출 시에 환급되는 것은 포함 대상이 아니다. 생산 또는 기타 가공에 소요되는 비용 또는 가격에는 모든 유형의 직접노무비와 생산공정에 투입되는 기계나 장비의 직·간접적인 유지관리비용 등이 포함된다. 또한 이러한 생산비와 관련된 비용은 생산자가 직접 제출하거나 또는 생산자를 대신하여 제출되는 평가대상 물품의 생산에 관한 정보를 기초로 결정된다. 이 경우 생산자의 회계장부가 물품의 생산국에서 적용되는 일반적으로 인정되고 있는 회계원칙에 부합되는 한 이를 기초로 하여야 한다. 일반적으로 인정되고 있는 회계원칙에 반하는 생산요소비용은 제조자(생산자)가 주장한다고 해서 이를 반영할 수 없는 것임은 물론이지만, 세관당국에서도 회계원칙에 반하여 특정 생산요소비용을 배제하고자 해서도 아니 된다.

본 거래에서 계산되는 생산자재 및 가공에 소요되는 비용은 $10,000이다.

2) 기타 가공에 소요되는 추가비용 또는 가격

상기에 언급된 생산비용 이외에도 특히 다음과 같은 비용들은 추가로 합산되어야 한다. 관세평가협정 제6조에 대한 주해 제3항에서는 산정가격방법 적용 시 "비용 또는 가격"에는 다음과 같은 금액이 포함되어야 한다고 강조하고 있다.

첫째, 관세평가협정 제8조 제1항 (가)호 (2) 및 (3)조항으로 이는 우리나라 관세법 제30조 제1항 제2호에서 동일하게 규정되어 있는데 여기에 해당되는 비용으로서는 당해 물품과 동일체로 취급되는 용기의 비용, 당해 물품의 포장에 소요되는 노무비 및 자재비이다. 평가협정 제8조 제1항에서는 구매자에 의하여 부담되지만 구매자가 판매자에게 실제로 지불하였거나 지불하여야 할 가격에 이들 비용이 포함되어 있지 않은 경우에는 거래가격에 이들 비용을 가산하도록 하고 있다. 이렇게 하는 이유는 일반적으로 이들 요소들은 생산과정에서 당해 물품을 상품화시키는 최종마무리 과정에서 투입되고 수행되는 것들이므로 생산자가 부담하는 것이 당연하지만 만약 구매자가 이들 비용을 부담하겠다고 하여 이들 비용을 실제 부담했는데도 불구하고 거래가격에 포함되지 않았다면 이를 가산하여 제1방법에 의한 관세평가가 이루어져야 한다는 취지에서이다. 이상의 내용을 종합하면 산정가격방법에서는 생산자(수출자)가 구매자(수입자)에게 수출판매한 거래가격(과세가격)을 생산자(수출자)의 입장에서 재구성하는 평가방법이므로 이들 비용이 재구성되는 거래가격에 포함만 되면 그것으로 충분한 것일 뿐, 그것들이 생산자(수출자)가 자신의 부담으로 투입되었는지 아니면 구매자(수입자)의 부담으로 제공된 것인지 여부는 문제가 되지 않는다.

둘째, 관세평가협정 제8조 제1항 (나)호로 우리나라 관세법 제30조 제1호 제3호 및 동 시행령 제18조의 생산지원에 관한 규정에 명시된 요소의 가격으로서 적절히 배분된 가격의 문제이다. 제1방법에 의한 과세가격 결정 시 구매자가 생산자(수출자)에게 무료 또는 인하된 가격으로 직접 또는 간접으로 제공한 생산지원비용이 지불하였거나 지불하여야 할 가격에 포함되어 있지 않았다면 이를 가산하여야 한다. 그것이 관세평가협정 제8조 제1항 (나)호의 취지이다. 따라서 산정가격방법에 따라 구매자가 수출자에게 실제로 지불하였거나 지불하여야 할 가격을 재구성함에 있어서도 이러한 생산지원에 해당되는 비용이 존재한다면 산정해야 하는 실제가격에 포함되어야 한다. 그리고 앞에서 언급한 포장용기와 포장비용의 경우와 마찬가지로 이러한 생산지원을 구매자가 무료 또는 인하된 가격으로 제공했는지 아니면 정상가격으로 제공했는지 여부를 따질 필요없이 이러한 생산지원이 존재하면 그에 해당되는 금액을 산정되는 재구성가격에 포함시켜야 한다. 제1방법에서는 구매자가 무료 또는 인하된 가격으로 제공했는지 여부를 살펴보았지만 제5방법에서는 이를 따질 필요가 없다는 점에서 차이가 있다.

본 거래에서 기타 생산에 추가로 합산되는 가공비용인 포장비용 $1000, 미국의 수출자인 제조자에게 무상으로 제공된 생산지원비 $5,000는 생산비에 합산되어야 한다.

3) 수출국에서의 통상적인 이윤 및 일반경비

산정가격의 세 번째 구성요소는 “수출국 내의 생산자가 수입국에 수출판매하기 위하여 제조한 당해 수입물품과 동종 또는 동류의 물품판매 시 통상적으로 반영되는 이윤 및 일반경비에 해당하는 금액”(관세법 제34조 제2호)에 관한 것이다. 그런데 여기서 간과하지 않아야 할 것은 여기서 말하는 이윤 및 일반경비는 당해 수입물품을 수출판매하는 과정에서 수출자가 실제로 확보한 이윤이나 지출된 일반경비가 아니라 당해 물품을 수출한 나라에서 해당하는 물품을 수출판매하는 경우에 통상적으로 반영하는 것과 동등한 수준의 이윤 및 일반경비의 금액(즉, 이윤 및 일반경비에 상당하는 금액)이라는 점이다.

수출자가 당해 수입물품을 수출판매하는 과정에서 실제로 확보한 이윤과 실제로 지출된 일반경비를 적용하는 것이 아님에 주의할 필요가 있다. 이점에 있어서 앞에서 살펴본 생산비용의 경우 당해 수입물품의 생산과정에 실제로 지출된 원부자재 비용이나 생산지원비용 등을 토대로 하여 산정하는 것과 차이가 있다. 이와 같이 이윤 및 일반경비에 대하여는 동종 업계의 통상적인 수준을 토대로 하는 이유는 이윤 및 일반경비의 경우 제조자(생산자)의 자의적인 조직이나 배분이 쉽기 때문에 그가 제시하는 가격자료의 객관성이나 정당성을 완전히 신뢰하기 어렵다는 점을 고려한 것이다. 특히, 제조자(생산자), 수출자 및 수입자는 특수관계에 의하여 연결되어 있는 다국적기업집단인 경우 관세를 포함한 각종 제세공과금 등 공적 비용의 부담을 최소화하기 위하여 자의적으로 이윤 및 일반경비를 다국적기업집단 소속 기업 간에 왜곡 분산 조정할 수 있다는 점을 고려한 측면이 있는 것이라 할 수 있다.

통상적인 금액이란 수출국에서의 제조자(생산자)들이 수입국인 우리나라에 수출하기 위하여 제조한 동종 또는 동류의 물품에 반영되는 금액을 말하는 것이며, 당해 물품을 생산한 나라에서의 생산자들이 반영하는 금액이나 수출국 내에서의 국내판매나 다른 제3국으로의 수출판매 시에 반영되는 이윤이나 일반경비도 여기에 해당되지 않는다는 점에도 유의해야 한다. 당해 물품의 생산자와 수출자가 동일한 국가에 속하는 경우에는 혼란의 여지가 없으나 당해 물품의 생산국과 수출국이 상이한 경우에는 혼란의 여지가 많으므로 이점도 주의할 필요가 있다. 본 문제에서는 생산자와 수출자가 동일한 국가에 속하는 경우로 이런 혼란의 여지는 없는 경우이다. 일반경비에는 관세평가협정 제6조 제1항 (가)호(당해 수입물품의 생산 · 조립 또는 기타 가공에 사용되는 비용 또는 가격)에 포함되지 않는 당해 물품의 생산 및 수출판매를 위한 직접비 및 간접비가 모두 포함된다. 이윤과 일반경비를 산정함에 있어 "이윤 및 일반경비의 합계액에 상당하는 금액"은 생산자가 자신에 의하여 또는 생산자를 대신하여 제공되는 자료를 기초로 하여 결정된다. 그러나 당해 자료에 제시된 수치가 당해 수입물품을 수출한 나라의 생산자가 동종 또는 동류의 물품을 수입국으로 수출판매하는 경우에 있어서 적용하는 통상적으로 포함되게 되는 이윤 및 일반경비의 합계액에 관한 수치와 차이가 있는 경우에는 생산자측이 제공하는 자료를 기초로 하여 결정할 수 없다.

한편 이윤과 일반경비에 대하여 협정과 관세법에서는 이들(이윤과 일반경비)을 일체로서 취급하여야 한다고 규정하고 있다(평가협정 제5조에 대한 주해 제6항, 관세법시행령 제27조 제4항). 일체로서 취급한다는 의미는 통상의 이윤과 통상의 일반경비를 각각 별도로 구분하여 산출하지 않아야 한다는 의미이다. 회계처리의 이론상 이윤과 비용항목은 각각 별개의 계정과목이므로 이들을 서로 구분하여 계산하는 것은 얼마든지 가능할 것이나, 회계적인 면에서 보면 매출액에서 매입원가와 비용을 차감한 결과가 이윤으로 시현되는 것이므로 사실상 이들을 별개로 구분하여 계산할 실익은 거의 없다고 할 수 있다. 왜냐하면 일반경비가 많아지면 이익의 규모가 줄어들게 되고 일반경비가 적어지면 이익의 규모가 증가하게 되기 때문이다. 다시 말하면 생산자의 이윤금액이 낮거나 또한 생산자의 일반경비가 높은 경우에도 생산자의 이윤 및 일반경비의 합계액이 전체적으로는 동종 또는 동류물품의 판매에서 나타나는 통상적인 수준의 이윤 및 일반경비의 합계액 수준과 차이가 없다면 이는 적절한 것이므로 문제가 되지 않는다는 의미이다.

본 거래에서 이윤 및 일반경비는 미국의 수출자인 제조자가 제시하는 이윤 및 일반경비는 인정되지 않고 동종 또는 동류물품의 판매에서 나타나는 통상적인 수준의 이윤 및 일반경비에 따라 수입물품의 산정가격에 포함되어야 하므로 통상의 이윤과 일반경비 각각 $7,000와 $4,000를 일체로 생산비에 합산하여야 한다.

4. 수입항까지의 운임 · 보험료 및 기타 운송관련비용

운임 및 보험료 등의 과세가격 포함 여부에 대해서는 우리나라는 CIF 주의를 채택하고 있기 때문에 수입항까지의 운임 및 보험료 그리고 기타 운송관련비용은 과세가격에 포함(관세법 제34조 제3호)된다. 여기서 간과하지 않아야 할 점은 "수입항까지의 운임 · 보험료 및 운송관련비용"은 당해 수입물품에 대한 비용을 말하는 것이지 이윤 및 일반경비의 경우처럼 동종 또는 동류의 물품에 대하여 통상적으로 발생하는 비용이 아니라는 점이다.

본 거래의 경우 운임 $1,000, 보험료 $200 모두 합산하여야 한다.

5. 과세가격의 결정

본 거래에 대한 내용을 평가협정의 규정과 관세법 및 시행령에 관련된 규정을 종합적으로 검토해볼 때 과세가격의 기초가 되는 과세가격을 다음과 같이 계산해볼 수 있다. 본 문제의 첫 부분 거래조건에서 명시된 국내 판매가격에 대한 내용은 제5방법인 산정가격의 계산에서는 관련 없는 내용이므로 고려할 필요가 없으므로 이에 대한 설명은 생략하였다.

1) 수입품의 생산비

우선 제5방법에서 고려되는 생산비의 개념은 미국의 수출업자인 제조업자가 미국 내에서 생산에 필요한 원자재비용과 제조 · 가공비용으로 소요되는 $10,000이다.

2) 기타 가공에 소요되는 추가비용

본 거래의 경우 기타 생산에 추가로 합산되는 가공비용인 포장비용 $1,000, 미국의 수출자인 제조자에게 무상으로 제공된 생산지원비 $5,000는 생산자나 구매자의 비용부담 여부에 관계없이 생산비에 합산되어야 한다.

3) 수출국에서의 통상적인 이윤 및 일반경비

본 거래에서 이윤 및 일반경비는 미국의 수출자인 제조자가 제시하는 이윤 및 일반경비는 인정되지 않고 동종 또는 동류물품의 판매에서 나타나는 통상적인 수준의 이윤 및 일반경비에 따라 수입물품의 산정가격에 포함되어야 하므로 통상의 이윤과 일반경비 각각 $7,000와 $4,000를 일체로 생산비에 합산되어야 한다.

4) 수입항까지의 운임 및 보험료비용의 계산

본 거래의 경우 운임 $1,000, 보험료 $200 모두 합산되어야 한다.

5) 본 거래에서의 과세가격의 산정

제5방법 적용 시 과세가격은 다음과 같다.

수입품의 생산비 $10,000에 기타 가공 추가비용인 포장비용 $1,000, 미국의 수출자인 제조자에게 무상으로 제공된 생산지원비 $5,000를 합산하고 통상의 이윤과 일반경비 각각 $7,000와 $4,000 합산, 운임 $1,000, 보험료 $200를 모두 합산하면 실제과세가격은 생산비 $10,000+포장비 $1,000+생산지원비 $5,000+통상의 이윤 $7,000+통상의 일반경비 $4,000+운임 $1,000+보험료 $200=$28,200로 계산된다.

〈예제 7〉

거래가격을 기초로 한 과세가격의 결정

1. 서론

2. 제1방법을 적용하기 위한 수출판매 거래요건 여부의 검토

3. 수입물품 수입에 직접지급된 가격의 산정

4. 수입물품 수입에 간접지급된 가격의 산정

5. 수입물품의 과세가격에 대한 가산요소 산정

   1) 수수료 및 중개료

   2) 용기 및 포장비용

   3) 생산지원비

   4) 권리사용료

   5) 운임 및 보험료

6. 과세가격의 결정

당해 물품의 거래가격을 기준으로 한 과세평가를 할 경우 실제지급가격에 가산해야 할 아래의 요소들에 대해 설명한 후 아래의 간단한 사례를 통해 과세가격의 결정을 설명하시오. 미국의 수출자인 A는 한국의 수입자 B에게 반도체 제조장비 10대를 대당 1만달러의 가격으로 계산하여 선적하였고 한국의 수입업자 B는 미국 수출업자가 자신에게 수출한 물품의 대금을 전액 일시불로 지급하고 수입하였다. 이때 한국의 수입업자 B는 수입물품의 수입가격을 실제거래가격에 의하여 한국의 세관에 수입신고하여 통관하였다. 이 경우 수입가격이란 실제거래가격으로 결정하여야 하는데 수입과 관련하여 발생한 비용은 아래와 같다고 하자. 과세가격을 결정하기 위한 제1방법인 거래가격을 기초로 한 관세평가를 고려하면 실제과세가격이 얼마인지를 계산하시오.

1. 미국의 반도체 제조장비 수출업자는 한국의 수입자와는 특수관계에 있지 않다. 미국의 수출자가 한국의 국내수입자에게 판매하여 국내수입된 수입물품의 가격은 제조장비 1대당 1만달러로 합의하고 계약서를 작성하였다.
2. 상기 수입물품의 수입을 위해 한국의 수입업자 B는 본 거래를 알선한 중개수수료로서 1대당 $100를 중개인에게 지급하였다.
3. 반도체 제조장비는 운송도중 파손되기 쉬운 상품으로 특수포장을 위해 미국의 반도체장비 전문포장업체에 주문하여 대당 $100를 지급하고 포장하였다.
4. 미국에서 한국으로 판매하는 상기 반도체장비는 한국의 제조공정에 맞추어야 하는 이유로 인해 미국에서 상기 제품의 생산 시 특수생산을 위해 한국의 수입업자 B는 특수금형제작비를 미국의 수출업자에게 대당 $1,000의 생산지원을 하였다.
5. 상기 반도체제조장비는 새로 개발된 특수장비로 본 거래에 대해 $1,000

의 로열티를 지급하기로 합의하였다.

6. 미국의 수출업자는 상기 상품을 한국의 수입업자에게 FOB조건으로 수출계약하였으며 한국의 운송업자는 본 수입상품을 국내로 수입하는 운송비용을 수입자에게 $1,000를 청구하였다.
7. 한국의 수입업자는 안전한 거래를 위해 상기 수입물품에 대해 해상보험료를 $200 지급하는 조건으로 보험계약을 체결하고 보혐료를 지불하였다.
8. 한국의 수입업자는 미국의 해당 반도체장비 수출업체와의 유리한 가격협상을 위하여 미국 내 반도체 전문가에게 자문을 받아 성능 대비 가격의 조건을 파악하는 비용으로 $500를 지출하였다.

1. 서론

WTO 관세평가협정 제1조 제1항은 "수입물품의 과세가격은 거래가격, 즉 수입국에 수출판매되는 상품에 대하여 실제로 지불하였거나 지불하여야 할 가격을 제8조의 규정에 따라 조정한 가격이며 수입물품의 처분 및 사용상의 제한이 없을 것의 조건을 충족하여야 한다"라고 규정하고 있다. 우리나라 관세법 제30조 제1항에서 "수입물품의 과세가격은 우리나라에 수출하기 위하여 판매되는 물품에 대하여 구매자가 실제로 지불하였거나 지불하여야 할 가격에 다음 각 호의 금액을 가산하여 조정한 거래가격으로 한다"라고 규정함으로써 관세평가협정과 같은 취지로 규정하고 있다. 따라서 과세가격을 결정하는 데 있어서 최초의 그리고 가장 원칙적인 평가방법은 평가대상이 되고 있는 당해 수입물품에 대한 거래조건의 하나로 거래당사자가 계약과정에서 합의한 구매자가 판매자에게 실제로 지불하였거나 지불하여 할 가격, 즉 실제로 이루어진 거래에서 가격을 평가하는 일이다. 동시에 이러한 실제거래가격은 거래계약서나 송품장 등에 표시되어 있는 외형상의 가격이나 명목상의 가격이 아니라 수입국에 대하여 수출판매된 시점에서 구매자가 판매자에게 실제로 지불하였거나 지불하여야 할 가격이면서, 아울러 협정 제8조(수입가격에 대한 가산요소)에 규정된 바에 따라 조정된 가격이어야 한다.

수입물품에 대한 관세평가를 함에 있어 일단 당해 물품이 실제 이루어진 거래에서의 판매대상 물품으로서 수입국으로 수출판매된 물품이라는 것이 확인되면 다음 단계로 수입자가 신고한 당해 거래가격이 평가협정 제1조의 실제로 지불하였거나 지불하여 할 가격에 해당되는지 여부를 살펴보아야 한다. 실제로 지불하였거나 지불하여야 할 가격이란 한마디로 구매자가 수입물품의 대가로 판매자에게 실제로 지불한 화폐적 가치에 해당하는 것을 말한다. 즉, 수입물품에 대한 대가로서 구매자가 판매자에게 직접 지불하거나 또는 판매자의 이익을 위하여 지불하는 지불금액 전체를 말한다. "판매자의 이익을 위하여"라 함은 방법과 절차의 구분 없이 결과적으로 판매자에게 도움이 되는 경우를 의미한다. 이와 같은 결과적 도움의 형성을 위한 계약당사자 간의 약정이 전제되어야 함은 당연하다. 이에 대하여 평가협정 제1조에 대한 해설서에서는 "실제지급가격이란 수입물품에 대한 대가로 구매자가 판매자에게 지급하였거나 지급하여야 할 총금액을 말한다"(우리나라 관세법 제30조 제2항과 동일).

그런데 실제지급가격에 가산할 비용으로는 다음의 6가지를 정하고 있다(관세법 제30조 제1항). 첫째, 수수료 및 중개료(여기서 구매수수료는 제외한다), 둘째 용기비용 및 포장소요비용, 셋째 생산지원물품 및 용역의 가격 또는 인하차액, 넷째 권리사용료(royalty), 다섯째 사후귀속이익, 여섯째 운임 및 보험료를 규정하고 있다.

2. 제1방법을 적용하기 위한 수출판매 거래요건 여부의 검토

거래가격을 과세가격으로 하는 제1방법을 적용하기 위해서는 당해 수입물품이 국제무역시장에서 거래된 물품이어야 한다. 거래된 물품이어야 거래가격이 존재하기 때문이다. 우리나라 관세법에서는 "우리나라에 수출하기 위하여 판매되는" 또는 협정의 "수입국에 수출하기 위하여 판매된" 등에서의 판매는 바로 당해 수입물품이 거래된 물품임을 의미한다. 즉, 거래가격을 과세가격으로 하기 위해서는 당해 수입물품이 판매된 물품이어야 한다는 것이다. 한편 관세법 제30조 제1항에서 "우리나라에 수출하기 위한 판매"라고 할 때의 "수출하기 위한"이라는 말은 우리나라에 수입된 어떤 물품을 판매자가 특히 우리나라에 수출할 목적으로 판매하다는 뜻이다. 따라서 어떤 물품이 판매된 것이기만 하다면 그 물품이 관세평가의 대상이 되어 있다는 사실 자체로 그 판매는 우리나라에 수출하기 위한 판매라고 할 수 있다.

우리나라에 수입된 물품은 어느 나라에서인가로부터 수출된 것이 분명하므로 수출 자체가 있었는지 여부를 따질 필요는 없을 것이다. 제1방법을 적용하기 위해서는 그 수출을 목적으로 한 판매가 과연 있었는지 또는 우리나라에 수입되기 전에 다수의 판매가 있었다면 그 중 어느 판매가 수출을 목적으로 한 것인지가 확인되어야 한다는 것이다. 이 같은 확인이 필요한 이유는 특정 수입물품의 과세가격의 기초가 되는 실제지급가격은 구매자가 우리나라에 수출하기 위하여 판매된 물품에 대하여 지급한 것이기 때문이다. 따라서 특정 수입물품이 우리나라에 수출되기까지 수차례 판매가 있었다면 그 판매들 중 특히 우리나라에 수출하기 위한 판매에서의 가격이 바로 실제지급가격이 되는 것이라 할 수 있다.

본 문제에서는 미국의 반도체 제조장비 수출업자가 우리나라에 수출판매하기 위한 경우이므로 이때 판매자는 미국 수출업자 A이고 구매자는 한국의 수입업자 B라고 할 수 있다. 미국 수출업자가 수출하는 반도체 제조장비의 가격은 $10,000이다.

3. 수입물품 수입에 직접지급된 가격의 산정

과세가격결정 원칙인 이른바 제1방법으로 결정한 과세가격인 거래가격은 당해 물품에 대하여 구매자가 실제로 지급하였거나 지급할 가격에 기초하여 정해진다. 이때의 실제로 지급하였거나 지급할 가격이란 구매자가 판매자에게 이미 지급하였거나 향후 지급할 수입물품의 대가를 말한다. 일반적으로 송품장, 신용장 등의 무역서류에 나타나는 당해 수입물품의 가격과 같다. 그러나 만약 송품장 등에 표시된 가격에 상당하는 금액 외에 다른 형식이나 항목으로 지급하는 당해 물품의 대가가 더 있다면 이 금액도 포함된 총금액이 실제로 지급하였거나 지급할 가격이 된다. 다만 구매자가 지급하는 총금액에 수입물품이 우리나라에 도착한 이후에 발생하는 비용이나 연불수입에 다른 이자비용 등이 포함되어 있는 경우에는 이들 비용은 공제하고 남은 금액을 말한다.

실제지급가격에는 아직 지급되지 않았지만 앞으로 지급할 가격도 포함된다. 따라서 "실제로"라는 말이 실제로 지급된 가격, 즉 구매자가 대금을 지불함으로써 계약을 이행한 경우의 가격만을 지칭하는 것이 아니다. 이때의 실제로 국제무역시장에서 거래된 가격, 즉 실증적인 가격이라는 것이다. 실제지급가격이란 평가대상인 당해 수입물품의 가격을 말하고 가격이란 곧 그 물품의 대가를 화폐가치로 표시한 것이므로 비록 구매자가 판매자에게 지급하는 것이라 할지라도 배당금 등과 같이 당해 수입물품과 관련되지 않는 지급은 제외된다. 반대로 당해 수입물품의 판매조건으로 지급되는 경우는 모두 실제지급가격의 일부가 된다.

본 사례에서는 한국의 수입업자가 지급한 이자비용 등에 관한 요소 등과 같이 송품장 등에 표시된 가격에 상당하는 금액 외에 다른 형식이나 항목으로 지급하는 당해 물품의 대가가 더 없기 때문에 송품장, 신용장 등의 무역서류에 나타나는 당해 수입물품의 가격이 직접지급된 가격이라 할 수 있다.

4. 수입물품 수입에 간접지급된 가격의 산정

수입물품의 대가를 반드시 대가지급의 형식으로 판매자에게 직접 지급하여야 하는 것이 아님은 일반 상거래의 경우에서와 다르지 않다. 이 같이 물품의 대가 중 일부를 판매자가 아닌 자에게 지급하거나 물품의 대가가 아닌 다른 명목으로 지급하는 금액이 있다면 이 간접지급금액도 당해 물품의 실제지급가격에 포함된다. 따라서 실제지급가격은 송품장 등에 표시된 가격에 간접지급금액을 더하여 계산되어야 한다. 관세법에서 당해 수입물품의 대가로서 구매자가 판매자에게 지급하였거나 지급할 총금액으로 규정하고 있고 이를 평가협정에서는 구매자가 당해 수입물품에 대하여 판매자에게 판매자의 이익을 위하여 지급하였거나 지급할 총금액으로 정의하고 있다.

간접지급에는 구매자가 당해 수입물품의 대가와 판매자의 채무를 상계하는 금액, 구매자가 판매자의 채무를 변제하는 금액(관세법 제30조 제2항) 외에 다음의 금액도 포함된다(관세법시행령 제20조 제6항). 이를 살펴보면, 첫째 판매자의 요청에 의하여 수입물품의 대가 중 전부 또는 일부를 제3자에게 지급하는 경우 그 지급금액, 둘째 구매자가 당해 수입물품의 거래조건으로 판매자 또는 제3자가 수행하여야 하는 하자보증을 대신하고 그에 해당하는 금액을 할인받았거나 하자보증비중 전부 또는 일부를 별도로 지급하는 경우 해당금액, 셋째 수입물품의 거래조건으로 구매자가 지급하는 외국훈련비 또는 외국교육비, 넷째 기타 일반적으로 판매자가 부담하는 금융비용 등을 구매자가 지급하는 경우 그 지급금액 등을 들 수 있다.

본 사례에서는 한국의 수입업자가 채무상계 및 간접할인, 하자비용을 별도로 지급하지 않고 훈련에 관련된 비용도 지불하지 않기 때문에 송품장가격 외에 특별한 간접지급비용은 계산되지 않는다.

5. 수입물품의 과세가격에 대한 가산요소 산정

수입물품의 과세가격은 당해 물품에 대하여 실제로 지급하였거나 지급하여야 할 가격에 다음에서 설명하는 비용을 가산하여 조정한 거래가격을 산정할 수 있다. 이때 실제지급가격에 가산할 비용은 반드시 다음의 6가지에 한정되어야 하고 또한 각 비용의 가산은 객관적이고 수량화할 수 있는 자료가 없는 경우에는 정확한 거래가격을 결정할 수 없으므로 제1방법을 적용할 수 없다(관세법 제30조 제1항).

1) 수수료 및 중개료

수수료 및 중개료는 매매계약 체결과정에 참여하여 계약을 성사시키는데 기여한 중간역할자의 활동의 대가로 지급하는 비용이다. 구매자가 부담하는 수수료와 중개료(구매수수료 제외)로서 당해 수입물품의 실제지급가격에 포함되지 않는 것은 실제지급가격에 가산하여야 한다. 수수료와 중개료는 중간역할자의 역할에 따라 다음의 3가지로 나눌 수 있다.

(1) 판매대리인 및 판매수수료

판매대리인은 판매자를 위하여 고객을 물색하고 주문을 수집하는 한편, 경우에 따라 물품의 보관과 운반을 알선하는 등의 서비스를 제공한다. 판매대리인은 이러한 서비스에 대한 대가로 통상 물품가격의 몇%에 해당하는 판매수수료를 받는다.

(2) 구매대리인 및 구매수수료

구매대리인은 해외에서 구매자를 대리하여 당해 물품의 구매를 위한 공급자 물색, 견본수집, 보험 · 운송 · 보관 등 주선, 물품검사 등의 서비스를 제공하고 그 대가로 구매수수료를 받는다. 이러한 구매수수료는 당해 수입물품의 과세가격에 포함되지 않는다.

(3) 중개인 및 중개료

중개인은 구매자와 판매자의 가운데서 양자 간의 거래를 알선하는 서비스를 제공하고 그 대가로 물품가격의 일정 율에 상당하는 중개료를 받는다. 중개수수료도 판매자가 지급하는 금액은 물품가격에 이미 전가되어 있는 경우 별도로 가산할 필요가 없다. 다만, 중개료의 전부 또는 일부를 구매자가 물품대가와 별도로 지급하는 경우에 한하여 그 금액은 실제지급가격에 가산하게 된다.

본 사례에서 지급된 중개수수료는 1대당 $100×10대=$1,000로서 이를 과세가격에 가산해야 한다.

2) 용기 및 포장비용

관세행정 목적상 당해 수입물품의 동일체로 취급되는 용기의 비용과 당해 물품의 포장에 소요되는 노무비 및 자재비로서 구매자가 부담하는 비용은 실제지급가격에 가산하여야 한다. 포장에 소요되는 노무비 및 자재비의 경우, 일반적으로 수입물품은 운송 및 보관상의 필요로 인하여 포장을 하게 되고 이 포장비용은 내용물인 당해 물품의 가격에 포함되어 구매자가 부담하게 된다. 따라서 통상의 포장비용은 당해 수입물품에 대한 실제지급가격의 일부로서 과세가격을 구성하게 된다. 특별히 고가의 첨단기기를 주문제작하여 수입하는 국내 수입자가 직접 포장전문업체를 물색하여 자신이 원하는 포장을 하게 한다면 그 소요비용은 구매자가 포장업체에 지급하게 된다. 이와 같이 포장비용을 구매자가 물품의 대가와 별도로 지불하는 경우 그 비용은 가산비용으로서 거래가격을 구성하는 방법으로 과세가격에 포함시켜야 한다. 본 사례에서는 $100×10대 =$1,000가 과세가격에 추가된다.

3) 생산지원비

구매자가 당해 물품의 생산 및 수출거래를 위하여 무료 또는 인하된 가격으로 직접 또는 간접으로 특정의 물품 및 용역을 공급하는 때에는 그 가격 또는 인하차액을 당해 수입물품의 실제지급가격에 가산하여야 한다. 그런데 생산지원비가 과세가격에 가산되기 위한 요건으로서는, 첫째 수입물품이 실제지급가격에 생산지원에 해당하는 금액이 포함되어 있지 않아야 하고, 둘째 구매자로부터 물품 또는 용역이 공급되어야 한다. 이는 구매자가 구체적인 물품, 즉 수입물품의 재료, 생산공구, 생산공정상의 소모품 등과 같은 물품이나 기술 및 설계 등의 용역을 실제로 제공하는 것을 의미한다. 셋째, 제공되는 물품과 용역은 수입물품에 결합되거나 수입물품의 생산과정에 직접 사용 · 소비되는 것이어야 한다. 본 사례에서는 특수금형비 $1,000×10대=$10,000가 과세가격에 포함된다.

4) 권리사용료

관세법 제30조 제1항 제4호에서는 과세가격인 거래가격에 가산하여야 할 비용 중의 하나로 특허권, 실용신안권, 의장권(디자인권), 상표권 및 이와 유사한 권리를 사용하는 대가로 지급하는 권리사용료를 규정하고 있다. 여기서 "당해 물품에 관련되고 당해 물품의 거래조건으로 지급되는 권리사용료에 한하여 수입물품의 과세가격의 일부가 된다"라고 규정하고 있다(관세법시행령 제19조 제2항). 여기서 중요한 권리사용료에 대한 문제는 구매자가 당해 수입물품의 가격 외에 별도로 지급하는 권리사용료가 당해 수입물품의 과세가격에 포함되어 있지 않아야 한다. 상기 사례에서는 권리사용료 $1,000가 과세가격에 포함된다.

5) 운임 및 보험료

당해 수입물품을 우리나라의 수입항까지 운송하는 데 소요된 운임치 보험료 기타 운송관련비용은 실제지급가격에 가산하여야 한다. 우리나라는 관세법에 정상도착가격 개념을 도입한 이래 일관되게 운임과 보험료를 수입물품의 과세가격에 포함시켜 왔다. 그러나 평가협정에서는 운임 및 보험료를 비롯하여 양하비, 적하비 등의 운송관련비용의 전부 또는 일부를 과세가격에 포함시킬 것인지의 여부를 각국의 선택에 일임하고 있다. 본 사례에서는 운송비 및 보험료에 대한 비용 $1,000와 $200를 과세가격에 가산하여야 한다.

6. 과세가격의 결정

본 거래에 대한 내용을 평가협정의 규정과 관세법 및 시행령에 관련된 규정을 종합적으로 검토해볼 때 과세가격의 기초가 되는 과세가격을 다음과 같이 계산해볼 수 있다.

우선 수입물품의 물품가격은 1대당 $10,000×10대=$100,000에 다음의 가산요소들이 가산된다. 첫째, 한국 수입자가 지불한 중개수수료는 1대당 $100×10대=$1,000를 가산해야 한다. 둘째, 한국의 수입업자가 전문포장업체에 주문하여 지불한 포장비 $100×10대=$1,000를 가산한다. 셋째, 한국의 수입자가 특수금형비 명목으로 지불한 생산지원비는 $1,000×10대=$10,000를 가산해야 한다. 넷째, 본 거래 전체에 지불된 로열티는 $1,000 가산요소이다. 다섯째, 운송비 $1,000와 보험료 $200가 과세가격에 가산되어야 한다. 마지막으로 수입물품의 구매를 위한 자문비용 $500도 과세가격에 합산하여야 한다.

따라서 과세가격은 물품가격 $100,000+중개수수료 $1,000+특수포장비 $1,000+생산지원비 $10,000+로열티 $1,000+운송비 $1,000+보험료 $200+물품구입을 위한 자문비 $500로서 이들 비용 모두를 합산하면 과세가격은 $113,700이다.

〈예제 8〉

실제로 지급하였거나 지급할 금액에 대한 과세가격의 결정

1. 서론

2. 거래가격 해당 여부의 판단

1) 판매자 부채의 대신지급

2) 구매자가 부담한 수입 전후에 발생한 비용

3) 구매자가 부담한 훈련비용의 처리

4) 내국운송비 및 우리나라에서 부과된 세금

5) 구매자가 부담한 이자비용

6) 할인된 금액

7) 부분적인 물물교환

8) 구매자가 부담한 검사비용

9) 구매자가 부담한 하자보증비용과 무상으로 반입되는 하자수리용 부품

10) 수입 후에 구매자가 별도 지불하는 하자보증비용

3. 과세가격의 결정

1) 수입되는 장비에 대한 과세가격

2) 무상송부된 하자보증용 부분품에 대한 과세가격

수입업자 A는 일본의 수출업자 B로부터 산업용 장비를 수입한다. 송품장에 표기된 거래가격은 DDP Seoul US$500,000, 대금결제조건은 T/T이다. 이 거래와 관련해 A와 B 사이에 다음과 같은 거래사실이 있다고 할 때 과세가격이 얼마인가를 계산하는 문제이다(단, 제시된 내용을 제외한 과세가격 결정상 고려요소는 없는 것으로 한다).

1. 이 거래와 관련하여 A는 B의 요청으로 B가 국내의 C에게 종전 거래와 관련해 빚진 1억원(US$100,000 상당)을 대신 지급하기로 하였다.
2. 송품장 금액에는 수입되는 장비를 A의 경기도 화성 공장에 설치하기 위해 물품 수입 전 기초공사를 할 때 B가 제공한 용역의 대가 US$10,000가 포함되어 있다. 그러나 이 금액은 송품장에 따로 구분되어 표시하고 있지는 않다.
3. B는 해당 장비의 운용과 관련한 훈련과정을 두고 있다. 훈련과정은 수입 이전에 일본에 있는 B의 공장에서 수행되며 훈련비용은 US$2,000에 해당하나 모두 송품장에 따로 구분되어 표기되어 있지 않다.
4. DDP조건으로 거래함에 따라 B가 부담하는 부산항에서 서울까지의 운임 및 보험료는 US$1,500, 관세 및 제세는 US$2,000에 해당하나 모두 송품장에 따로 구분되어 표기되어 있지 않다.
5. 해당 장비의 대금지급과 관련해 A는 일본의 C은행으로부터 US$500,000을 6개월간 융자받아 B에게 지급하였다. 이 융자에 따른 이자로 A는 해당 은행에 US$4,000를 별도로 지급하였다.
6. 해당 장비의 애초 가격은 US$550,000이었으나 A가 해당 장비가 인도되는 시점에 현금으로 지급하기로 함에 따라 US$50,000가 할인된 것이다. 거래대금은 수입신고 시점에는 지급되지 않은 상태였다.
7. 해당 장비에 대한 대가의 일부로 A는 B에게 US$70,000 상당의 A회사가 생산한 식료품을 B에게 제공하였다.

8. 해당 장비가 판매계약서에 있는 사양을 충족하는지를 확인하기 위해 A는 일본에서 선적 전에 B와 무관한 전문가 D에게 검사를 의뢰하고 그 검사비로 US$800를 지급하였다. 검사결과 사양은 충족되는 것으로 확인되었다.
9. 송품장에 거래가격으로 표시된 US$500,000에는 해당 장비에 대한 구매일로부터 2년간 판매자가 부담하는 하자보증비 US$3,200가 포함되어 있다. 이는 송품장에 구분표기되어 있다. 이 하자보증의 이행과 관련해 B는 해당 장비와 함께 US$3,000 상당의 부분품을 A에게 무상으로 보냈다.
10. 판매계약서에 따르면 3~5년차 연도의 하자보증비 US$4,800는 3차년도에 가서 A가 B에게 별도 지불해야 한다.

1. 서론

수입물품에 대한 관세 과세가격의 원칙적 대상이 되는 "실제로 지급하였거나 지급하여야할 가격"이란 수입물품에 대해 구매자가 판매자에게, 또는 판매자의 이익을 위하여 지급하였거나 지급하여야 할 총금액이다. 지급이 반드시 화폐의 이전방식으로 이루어질 필요는 없으며, 지급의 대상도 판매자에게 직접 또는 간접으로 이루어질 수 있다. 그러나 구매자가 자신의 계산으로 수행한 활동이 비록 판매자에게 이익이 되는 것으로 보더라도 판매자에 대한 간접지급으로 보지는 않는다(관세평가협정 부속서 Ⅰ, 제1조에 대한 주해 참조). 구매자가 실제로 지급하였거나 지급하여야 할 가격 가운데 수입국 내에서 발생한 비용이나 구매자가 자기의 계산으로 수행한 활동에 대한 대가가 포함되어 있을 수 있다. 이때는 사안에 따라 해당 금액이 과세가격 일부가 될 수도 있고 일부가 되지 않을 수도 있기에 신중한 검토가 필요하다. 또한 구매자가 직접 또는 간접으로 별도 지급하였거나 지급할 금액도 사안에 따라 과세가격에 포함할 수도 있고, 포함하지 않을 수도 있기 때문에 역시 검토가 필요하다. 또한 구매자가 직접 또는 간접으로 별도 지급하였거나 지급할 금액도 사안에 따라 과세가격에 포함할 수도 있고 포함하지 않을 수도 있기 때문에 이에 대한 검토가 필요하다.

2. 거래가격 해당 여부의 판단

1) 판매자 부채의 대신 지급

구매자가 판매자에게 실제로 지급하였거나 지급하여야 할 가격은 직접적인 지급뿐만 아니라 간접적인 지급으로 이루어질 수 있다. 구매자가 판매자에게 부담하는 채무의 전부 또는 일부를 지급하는 경우가 대표적이다. 간접적인 지급은 구매자가 제3자인 보험업자에 대해 제조물책임 보험료 지불을 대신 부담하는 경우, 구매자가 판매자에게 자금을 선지불하고 판매자는 제품이 구매자에게 송품장가격을 할인해주는 경우, 구매자가 판매자를 위해 실시한 특정 서비스에 대해 지급하는 경우, 수입자가 판매자의 지연된 선적으로 인해 자신이 수신자 부담으로 지불한 항공운임료에 대해 앞으로의 선적분에 대해 가격할인을 받기로 한 경우 이러한 앞으로의 선적분에 대한 채권, 이전에 거래된 하자상품으로 판매자가 구매자에게 진 채무에 대한 배상으로 현재 선적가격을 할인해주는 것 등이 있다. 그러나 시장조사, 해당물품에 대한 광고, 해당 물품의 판매장이나 전시장의 마련, 무역박람회 또는 관련 전시회의 참여, 해당 물품의 작동시험이나 시운전 등의 비용은 구매자가 자신의 비용부담으로 이를 행한 경우 비록 그러한 활동이 판매자에게 이익이 되는 것으로 보이더라도 이 금액을 판매자에 대한 간접지급으로 보지 않는다. 앞에서 설정된 거래사실 1번에서 A는 해당 장비의 거래와 관련해 B가 국내의 C에게 종전의 거래에서 발생한 부채 1억원(US$100,000 상당)을 대신 지급하기로 하였으므로 이는 간접지급금으로서 과세가격에 포함되어야 한다.

2) 구매자가 부담한 수입 전후에 발생한 비용

구매자가 부담한 다음 금액 또는 비용이 수입물품에 대해 실제로 지급하였거나 지급하여야 할 가격으로부터 구분되는 경우 이는 관세의 과세가격에 포함하지 않는다(제1조에 대한 주해 3 참조)

① 산업설비, 기계류 또는 장비와 같은 수입물품에 대해 수입 후에 수행된 건설, 설치, 조립, 유지 및 기술지원비용
② 수입한 이후 발생하는 운송비
③ 수입국의 관세 및 제세

위의 ①에서 “수입 후”라는 문구는 수입국에서 수행된 활동을 포함하도록 신축적으로 해석하여야 한다. 즉, 해당 활동에 대한 비용이 수입물품의 설치를 위한 일부로 수행되고 있는 한 수입 이전에 해당 활동이 행해졌더라도 관세의 과세가격에서 제외하여만 하는 것이다(WCO 예해 9.1 참조). 관세법에는 실제로 지급하였거나 지급할 가격에서 공제될 수 있는 금액을 규정하고 있으나, 공제를 위해서는 반드시 지급 총금액에서 이들 공제요소의 금액이 명백히 구분가능하여야 한다(관세법 제30조 제2항).

거래사실 2번에서 송품장금액에는 수입되는 장비를 A의 황성 공장에

설치하고 유지하기 위해 B가 제공한 용역의 대가 US$10,000가 포함되어 있으나 이 금액은 따로 구분되어 표시되어 있지 않다고 설명하였다. 사실관계로 볼 때 용역비용 US$10,000는 우리나라 안에서 수행된 활동에 대한 대가이므로 만일 이 금액이 송품장에 구분표기되었다면 비록 수입물품과 관련된 것이라도 과세가격에서 제외될 수 있다. 그러나 구분표시되어 있지 않다고 하였으므로 해당 금액을 과세가격에서 제외할 수 없다.

3) 구매자가 부담한 훈련비용의 처리

복잡하고 정교한 장비를 거래할 때 흔히 판매자는 해당 장비를 운용할 구매자 또는 구매자가 파견한 자를 훈련하는 교육을 한다. 훈련과정은 통상 해당 장비가 수입되기 전에 행해지지만 수입된 이후에도 이루어질 수 있다. 이러한 경우 판매자와 구매자 간의 계약내용에 따라 해당 훈련비를 과세가격에 포함할 수도 있고 포함하지 않을 수도 있다. 만일 훈련에 대한 지급액이 없이도 해당 장비를 구매하는 것이 가능하다면 판매조건이 아니다. 즉, 훈련참가가 구매자의 임의결정사항이고 참가한 경우에만 훈련비를 지급한다면 훈련에 참가하여 그 훈련비를 지급하였더라도 판매조건으로 훈련비를 지급한 것이 아니라고 본다. 따라서 해당 훈련비는 과세가격에 포함하지 않는다. 반면 훈련과정에 대한 지급액은 판매계약서에 명시적 요구조건으로 되어 있고, 구매자가 훈련과정에 참석하는지와 관계없이 반드시 지급되는 것이라면 이 지급액은 판매조건에 해당하므로 그 훈련비는 실제로 지급하였거나 지급하여야 할 가격의 일부를 구성한다(WCO 사례연구 7.1 참조). 결국 훈련비용은 해당 물품의 판매조건으로 지급되는지에 따라 과세 여부가 결정되는 것이다.

제시된 거래사실 3번에서 B의 훈련과정 참여 여부는 A의 선택사항이므로 A가 비록 훈련에 참가하였고 그 비용으로 US$20,000를 별도 지불하였으나 이 금액은 A가 수입한 장비의 판매조건으로 지급된 것이 아니므로 과세가격에 포함하지 않는다.

4) 내국운송비 및 우리나라에서 부과된 세금

거래사실 2번에서 검토한 바와 같이 수입 이후에 발생하는 활동에 대한 비용이 실제로 지급하였거나 지급하여야 할 가격에 포함되어 있고, 이 금액이 구분되는 경우에는 관세의 과세가격에 포함하지 않고 공제할 수 있다. 거래사실 3번을 보면 해당 물품을 DDP조건으로 거래함에 따라 판매자인 B가 부담하는 부산항에서 서울까지의 국내 운송구간에 대한 운임 및 보험료는 US$1,500에 해당하지만 송품장에 따로 구분표기되어 있지 않다. 따라서 이 금액은 과세가격에서 제외할 수 없다. 한편, 관세 및 제세 US$2,000는 본질상 실제로 지급하였거나 지급하여야 할 가격에서 구분되는 것이므로 과세가격에서 제외하여야 한다(WCO 권고의견 3.1 참조).

관세법 제30조에서는 우리나라에서 해당 수입물품에 부과된 관세 등의 세금과 그 밖의 공과금은 구매자가 지급하였거나 지급하여야 할 총금액에서 명백히 구분할 수 있을 경우에 그 금액을 뺀다고 규정하고 있으나 본질상 관세 및 제세는 구매자가 지급하였거나 지급하여야 할 총금액에서 명백히 구분될 수 있다. 여기서 제세에는 부가가치세, 개별소비세, 주세, 교통 · 에너지 · 환경세, 교육세, 농어촌특별세, 그리고 담배소비세와 같은 지방세를 포함한다.

5) 구매자가 부담한 이자비용

관세법 제30조에는 연불조건의 수입인 경우 해당 수입물품에 대한 연불이자가 구매자가 지급하였거나 지급하여야 할 총금액에서 명백히 구분할 수 있는 경우 이를 과세가격에서 공제할 수 있게 하였다. 그런데 WTO에서는 연불조건 거래 여부와는 무관하게 구매자가 체결한 금융약정과 수입물품 구매와 관련한 이자비용은 다음과 같은 경우 관세 과세가격의 일부로 보지 않는다고 결정한 바 있다. 이때 금융 제공을 판매자, 은행 또는 기타 자연인이나 법인이 제공하였는지 여부에 상관없이 적용한다(WTO 결정 3.1 참조).

① 이자비용이 해당 수입물품의 대가로 실제로 지급하였거나 지급하여야 할 가격으로부터 구분되고, ② 금융약정이 서면으로 체결되었으며, ③ 필요한 경우 구매자는 이러한 물품이 신고된 실제로 지급하였거나 지급하여야 할 가격으로서 실제 판매되었는지, 그리고 주장하는 이자율이 금융이 제공된 시점에서 해당 국가 내에서 그러한 거래에서 통용되는 수준을 초과하지 않는다는 사실을 입증할 수 있는 경우로 규정하고 있다.

거래사실 5번에서 해당 장비는 연불조건으로 거래된 것은 아니나, A는 그 대금을 C은행에서 융자받아 B에게 지급하였으며 그 융자에 따른 이자 US$4,000를 별도로 C은행에 지급하였다고 설명하고 있다. 그렇다면 이자비용은 해당 수입물품의 대가로 A가 B에게 실제로 지급하였거나 지급할 가격과 명백히 구분되는 것이고, 거래은행에서 융자받으려면 금융약정이 당연히 서면으로 체결되며, 은행이 자금 융자에서 적용하는 이자율이 국내의 그와 같은 금융에서 통용되는 수준을 초과하지 않는다면 해당 이자비용은 비록 B가 지불한 것이지만 해당 장비에 대해 "실제로 지급하였거나 지급하여야 할 가격"에 포함할 수 없을 것이다.

6) 할인된 금액

거래대금의 지급을 현금으로 할 때 매도인이 일정한 비율의 금액을 할인해주는 것을 현금할인이라 한다. 구매자가 판매자가 제공하는 이러한 현금할인을 이용한 경우 해당 현금할인액은 실제로 지급하였거나 지급할 가격에 포함하지 않는다(WCO 권고의견 5.1 내지 5.3 참조). 거래사실 6번에서 제시된 내용을 보면 A가 해당 장비가 인도되는 시점에 현금으로 지급하기로 함에 따라 US$50.000가 할인되어 US$500,000에 거래하였다. 따라서 해당 장비의 실제로 지급하였거나 지급할 가격은 US$ 500,000이며, 할인액 US$5,000가 과세가격에 포함될 이유가 없다. 해당 거래대금이 수입신고 시점에는 이미 지급되었는지는 고려사항이 아니다.

7) 부분적인 물물교환

무역거래에서 물물교환은 여러 형태로 이루어질 수 있다. 해당 거래를 나타내기 위해 일반적인 측정단위인 화폐에 의지하지 않고 거의 동등한 가치의 물품이나 용역을 상호교환하기도 하고, 화폐로 표시되면서 거래 일부는 화폐의 지급이 이루어지고 나머지 일부는 물물교환이 되는 경우도 있다. 만일 해당 거래가 화폐로 표시되거나 결제되지 않아 거래가격이 없거나 가격결정을 위한 객관적이고 수량화할 수 있는 자료도 없는 경우에는 실거래가격을 기초로 하는 제1방법에 따른 관세평가 자체가 어렵게 된다. 또한 화폐로 표시되어 있더라도 관세법 제30조 제3항에서 규정하고 있는 제1방법 배제사유 해당 여부를 검토하여 그 결과에 따라 과세가격을 결정해야 한다.

거래사실 7번에서 제시된 내용을 보면 해당 장비에 대한 대가의 일부로 A는 B에게 US$70,000 상당의 A회사 식료품을 제공하였다고 하였으므로 해당 물품에 대한 거래의 성립 또는 가격의 결정이 이에 영향을 받았다고 볼 수 있어 관세법 제30조 제3항에 따라 거래가격 배제사유에 해당할 여지가 있다. 그러나 문제에서 과세가격 결정상 다른 고려요소는 없는 것으로 봤고 A가 B에게 지불한 식료품의 금액이 US$70,000로 확인되므로 제1방법에 따른 과세가격 결정이 가능하다. 이 경우 부분적인 물품교환에 해당하는 식료품의 금액 US$70,000는 실제로 지급하였거나 지급하여야 할 금액의 일부가 된다.

8) 구매자가 부담한 검사비용

무역거래에서 구매자가 자기의 계산으로 수행한 활동에 대한 비용에 대해 관세평가협정은 이 금액이 평가협정 제8조의 가산요소(수수료 및 중개료, 용기의 비용, 포장비, 생산지원비, 권리사용료, 사후귀속이익 등)가 아닌 한 실제로 지급하여야 할 가격에 가산되지 않는 것으로 본다(WCO 예제 16.1 참조).

거래사실 8번에서 A는 해당 장비가 판매계약서에 있는 사양을 충족하는지를 확인하기 위해 선적 전에 C에게 검사를 의뢰하고 그 검사비로 US$800를 지불한 것으로 설명하였다. 이러한 검사는 해당 물품의 제조공정 일부로 보지 않는 검사를 의미하는 것이며, 따라서 추가검사는 A와 B 간의 판매조건이 아니다. 구매자 A가 판매자 B와 관련이 없는 C에게 장비검사를 위해 지급한 US$800는 판매자의 이익을 위하여 직접 또는 간접적으로 지급한 금액이 아니다. 그러므로 실제로 지급하였거나 지급하여야 할 가격의 일부라 볼 수 없다. 만약 검사결과 사양이 충족되지 않아 해당 기계를 개조, 정비, 성능개선 등 어떤 방식으로든 본질적으로 변경되는 일이 있었다면 문제는 달라질 수 있지만 사양이 충족된 것으로 확인되었으므로 관세법 제30조에 따른 제1방법으로 과세가격이 결정되어야 한다.

9) 구매자가 부담한 하자보증비용과 무상으로 반입되는 하자 수리용 부품

하자보증은 자동차나 전기 기기와 같은 물품에 대한 품질보증의 한 형태로 일정조건이 충족되는 것을 조건으로 보증책임자가 결함보수(부품 및 인건비) 또는 대체에 필요한 비용을 부담하는 것이다. 만약 이들 조건이 충족되지 않는 경우 하자보증은 무효가 될 수 있다. 하자보증은 해당 물품에 내재된 숨겨진 하자를 치유한다. 이 경우의 하자는 표면상 나타난 것은 아니지만 해당 물품의 사용에 지장을 초래하거나 유용성을 감소시키는 것을 포함한다. 관세평가 측면에서 하자보증은 다음과 같은 두 가지 상황으로 그 비용이 부담되는 경우 이를 어떻게 판단할 것인가의 문제로 관심의 대상이 된다(WCO 예제 20.1 참조)

① 판매자가 직접 또는 간접으로 비용을 부담하고 하자보증위험을 수행하는 경우로 계약조항에서 해당 물품에 대한 가격에 반영되어 있을 때

② 구매자가 직접 또는 간접으로 하자보증위험 수행과 비용을 부담하는 경우

①과 같이 판매자가 하자보증을 제공하고 그 비용이 물품의 단위가격에 포함된 경우 판매자는 해당 물품가격을 책정할 때 이를 고려한 것이며, 하자보증에 기인한 일체의 추가비용은 판매에 대한 조건으로 지급한 가격 일부가 된다. 비록 송품장에 표기되어 해당 물품에 대해 실제로 지급하였거나 지급하여야 할 가격과 구분될지라도 어떠한 공개를 허용하지 않는다. 물품의 판매계약과는 별개인 하자보증계약에 따른 것일지라도 이 경우 하자보증비용은 거래가격의 일부로 본다. 판매자가 구매자에게

하자보증비를 별도로 받은 경우에도, 그리고 그 하자보증비가 송품장에 해당 물품과 별개로 구분되어 기재되었더라도 이 비용은 마찬가지로 거래가격의 일부가 된다. 또한 판매자가 하자보증위험을 제3자에게 맡기고 구매자에게 그 제3자에게 하자보증비를 지급하도록 한 경우에도 이 하자보증비는 수입물품의 거래가격에 포함되어야 한다. 따라서 거래사실 9번에서 A가 지급하는 US$500,000에는 해당 장비에 대한 구매일로부터 2년간 판매자가 부담하는 하자보증비 US$3,200가 포함되어 있다면 비록 이 금액이 송품장에 구분표기되었더라도 거래가격에서 제외될 수 없다. 그러나 ②와 같이 구매자가 자기의 계산으로 하자보증비를 부담하기로 한 경우 구매자가 부담하는 일체의 지급금액 또는 기타 비용은 구매자가 자기의 계산으로 수행하는 활동이기 때문에 실제로 지급하였거나 지급하여야 할 가격의 일부가 아니다.

한편 거래사실 9번에서는 이 하자보증의 이행과 관련해 B가 해당 장비와 함께 US$3,000 상당의 부분품을 A에게 무상으로 보냈다고 하였는데, 이와 같이 하자보증 이행과 관련해 무상으로 송부된 부분품은 관세평가원칙에 따라 관세법 제31조부터 제35조(제2방법에서 제6방법)를 적용하여 과세가격을 결정하여야 한다. 따라서 거래사실 9번에서 적시한 US$3,000라는 금액이 동종동질 또는 유사물품의 인정된 거래가격이라면 이 금액을 과세가격으로 결정할 수 있을 것이다.

10) 수입 후에 구매자가 별도로 지급하는 하자보증비용

하자보증이 여러 해에 걸쳐 이루어지고, 그에 따라 하자보증비를 구매자가 판매자 또는 판매자와 합의된 제3의 하자보증자에게 지급하도록 한 경우 해당 금액은 실제로 지급하였거나 지급하여야 하는 가격 일부로서 거래가격에 포함하여야 한다. 실제로 지급하였거나 지급할 가격은 구매자가 수입물품에 대해 판매자에게 또는 판매자의 이익을 위해 지급하였거나 지급하여야 할 총금액으로 정의되기 때문이다(WCO 사례연구 6.1 참조). 그러므로 제시된 거래사실 9번에서와 같이 판매계약서에 따라 3~5차년도의 하자보증비 US$4,800를 3차년도에 가서 A가 B에게 별도 지불해야 한다면 이 금액은 거래가격에 포함되어야 한다. 비록 지불시기가 수입 후 약 3년이 경과한 시점이지만 A가 지불하여야 할 거래가격의 일부로 간주되어야 한다.

3. 과세가격의 결정

이상에서 검토한 바를 종합할 때 거래가격은 수입되는 장비에 대한 것과 함께 송부된 하자보증용 부분품에 대한 것으로 나누어 결정되어야 한다.

1) 수입되는 장비에 대한 과세가격

송품장에 표기된 거래가격 US$500,000+판매자 부채의 대신지급금 US$100,000−우리나라에서 부과된 세금 US$2,000+부분적인 물물교환 금액 US$70,000+수입 후 A가 지급해야 하는 하자보증비 US$4,800= US$672,800이다.

2) 무상송부된 하자보증용 부분품에 대한 과세가격

제2방법 또는 제3방법을 적용한 관세평가
금액 US$3,800

〈예제 9〉

특수관계자 간의 거래와 거래가격의 조정을 통한 과세가격의 결정

1. 서론

2. 제1방법을 적용하기 위한 특수관계 여부의 검토

3. 수입물품 수입에 직접지급된 가격의 산정

4. 수입물품 수입에 간접지급된 가격의 산정

   1) 하자보증에 관한 비용 처리

5. 수입물품의 거래가격의 조정요소

   1) 수수료 및 중개료

   2) 용기 및 포장비용

   3) 생산지원비 명목으로 지급된 금액의 조정계산

   4) 권리사용료의 조정계산

   5) 운임 및 보험료의 조정계산

6. 과세가격의 결정

관세평가협정에서는 “관세평가의 기초는 최대한 평가대상물품의 거래가격이어야 한다”라고 규정하고 있는데 이와 같이 거래가격을 기초로 하여 평가하는 방법을 제1방법, 즉 거래가격에 의한 관세평가라 한다. 거래가격에 기초한 관세평가를 할 경우 우선 판매자와 구매자 간의 특수관계 여부와 이러한 특수관계가 거래가격에 영향을 미쳤는지 여부를 우선 평가해야 한다. 그러면 실제 판매자와 구매자 간 특수관계가 존재하는 경우 그 특수관계가 실제가격에 영향을 미치는가의 여부와 또한 과세가격에 어떤 조정요소가 계산되는지 아래의 조건하에서 살펴보기로 하자.

일본의 도자기 수출업자 A는 특수관계자인 한국의 수입업자 B(일본의 수출자 B의 자회사)에게 도자기 완제품 1,000개를 수출하기로 수출계약을 체결하였다. 도자기 개당 수출가격은 $100로 결정하였고 계약물량을 2회에 걸쳐 한국으로 선적하기로 하였다. 굴삭기를 수입하는 한국의 수입업자 B는 수입물품의 수입가격을 실제거래가격에 의하여 한국의 세관에 수입신고하여 통관하였다. 이 경우 수입가격이란 실제거래가격으로 결정하여야 하는데 수입과 관련하여 발생한 비용은 아래와 같다고 하자. 과세가격을 결정하기 위한 제1방법인 거래가격을 기초로 한 관세평가를 고려하면 실제과세가격이 얼마인지를 계산하시오.

1. 일본의 도자기 수출업자는 100% 투자하여 한국의 수입자 B라는 자회사를 만들었으며 한국의 수입자 B와는 특수관계에 있다. 특수관계에 의해 수입되는 상품의 가격은 시장가격으로 계산하여 지불하기로 하였다.
2. 수출자가 수행하여야 하는 하자보증을 수입자 B가 대신하고 1개당 $5에 해당하는 금액을 할인받기로 약정하였다.
3. 도자기 제품은 운송도중 파손되기 쉬운 상품으로 특수포장을 위해 일본의 도자기 특수 전문포장업체에 주문하여 개당 $15를 지급하고 포장을 하였다.

4. 한국의 수입자 B는 일본의 수출자 공장에 변압기, 비상용 발전설비 등의 설치 명목으로 10만달러의 생산지원을 하였고 아울러 본 수출품의 생산을 위해 사용되는 공구 및 디바이스(형판) 세팅을 지원하는 명목으로 동시에 5만달러를 지원하였다.
5. 한국의 수입자 B는 일본의 수출자의 브랜드를 사용하는 명목으로 일본 수출자 A에게 본 거래분에 대해 $5,000의 로열티를 지급하였다.
6. 일본의 수출업자는 상기 상품을 한국의 수입업자에게 CIF조건으로 수출계약하였으며 본 수입품의 운송은 한국의 운송업자가 담당하였으며 보험료 역시 한국의 보험회사를 통해 계약하였다. 본 수입상품을 국내로 수입하는 운송비용은 $2,000이며 해상보험료는 $500이다.
7. 최근 한국의 해운업계의 불황으로 인해 값이 싼 한국의 선박을 이용할 수 있도록 구매대리인이 활동하였다. 본 수입물품의 운송을 위해 일본의 수출자는 저렴한 한국선박을 이용할 수 있게 되었고 이러한 노력이 수입가격에 유리하게 결정되는데 큰 역할을 하였다. 한국의 수입자는 구매대리인에게 $1,000의 구매수수료를 지급하였다.
8. 수입품이 파손되기 쉬운 도자기 제품이므로 운송도중 파손되기 쉬운 상품으로 특수포장을 위해 일본의 도자기 전문포장업체에 주문하여 개당 $10를 지급하고 포장을 하였다.

1. 서론

관세평가협정에서는 "관세평가의 기초는 최대한 평가대상물품의 거래가격이어야 한다"라고 규정하고 있는데 이와 같이 거래가격을 기초로 하여 평가하는 방법을 제1방법, 즉 거래가격에 의한 관세평가라 한다. 거래가격에 기초한 관세평가를 할 경우 우선 판매자와 구매자 간의 특수관계 여부와 이러한 특수관계가 거래가격에 영향을 미쳤는지 여부를 우선 평가해야 한다. 판매자와 구매자 간 특수관계가 거래가격에 영향을 미치지 않았다고 판단될 때 과세가격 결정원칙인 이른바 "제1방법"으로 결정한 과세가격인 거래가격은 당해 물품에 대하여 구매자가 실제로 지급하였거나 지급할 가격에 기초하여 정해진다. 이때의 실제로 지급하였거나 지급할 가격이란 구매자가 관리자에게 이미 지급하였거나 향후 지급할 수입물품의 대가를 말한다. 일반적으로 송품장 · 신용장 등의 무역서류에 나타나는 당해 수입물품의 가격과 같다.

그러나 만약 송품장 등에 표시된 가격에 상당하는 금액 외에 다른 형식이나 명목으로 지급하는 당해 물품의 대가가 더 있다면 이 금액도 포함된 총금액이 실제로 지급하였거나 지급할 가격(이하 실제지급가격)이 된다. 다만, 구매자가 지급하는 총금액에 수입물품이 우리나라에 도착한 이후에 발생하는 비용이나 연불수입에 따른 이자비용 등이 포함되어 있는 경우에는 이들 비용은 공제하고 남은 금액을 말한다.

실제지급가격에는 아직 지급되지는 않았지만 앞으로 지급할 가격도 포함된다. 따라서 "실제로"라는 말이 실제로 지급된 가격, 즉 구매자가 대금을 지불함으로써 계약을 이행한 경우의 가격만을 지칭하는 것은 아니다. 이때의 실제로라는 의미는 실제 국제무역시장에서 거래된 가격, 즉 실증적인 가격이라는 의미이다. 실제지급가격이란 평가대상인 당해 수입물품의 가격을 말하고 가격이란 곧 그 물품의 대가를 화폐가치로 표시한 것이므로 비록 구매자가 판매자에게 지급하는 것이라 할지라도 배당금 등과 같이 당해 수입물품과 관련되지 않은 지급은 제외된다. 반대로 당해 수입물품의 판매조건으로 지급되는 경우는 모두 실제지급가격의 일부가 된다.

구매자가 당해 물품의 대가를 지급할 때 반드시 현금으로만 지급하여야 하는 것은 아니다. 평가협정에서 "지금이 반드시 화폐이전의 형태일 필요는 없다"라는 규정은 이 점을 보여준다. 특별히 정해진 대가지급의 형태라는 것은 없으므로 직접 현금으로 지급하는 외에 신용장이나 양도가능증서 등의 형태로는 물론 현물 또는 서비스 형태로도 가능하다.

현실의 무역현장에서는 당사자가 합의하여 거래대상 물품의 가격을 변경하는 데에 아무런 제한은 없다. 그런데 실제지급가격은 수입물품의 가격을 말하는 것이므로 가격이 변경된다는 것은 과세가격의 기초인 실제지급가격이 변동될 수 있다는 뜻이 된다. 그러나 거래가 종료된 이후에 과거를 소급하여 일어난 거래당사자 간의 가격변경을 좇아 실제지급가격도 소급하여 변경할 수는 없는 일이므로 결국 인정가능한 가격변경은 일정한 범위에 한정될 수밖에 없다. 가격변경이 인정되는 범위는 당해 물품이 우리나라에 도착하는 시점까지이다. 즉, 우리나라에 도착하기 전까지는 그 변경된 가격이 실제지급가격이 되지만, 당해 물품이 우리나라에 도착하게 되면 "우리나라에 수출하기 위한 판매"가 완료되었다고 보아 그 이후의 가격변경은 인정하지 아니한다. 그러나 물품의 속성 등 불가한 사유로 판매시점에는 잠정적으로 가격을 정하고 확정가격은 수입 후에 구매자와 판매자가 미리 정해 둔 가격조정약관에 따라 정해지는 경우에는 예외적으로 우리나라에 도착한 이후의 확정가격이 실제지급가격이 된다.

우리나라 관세법 제30조 제1항에서 "수입물품의 과세가격은 우리나라에 수출하기 위하여 판매되는 물품에 대하여 구매자가 실제로 지불하였거나 지불하여야 할 가격에 다음 각 호의 금액을 가산하여 조정한 거래가격으로 한다"라고 규정함으로써 관세평가협정과 같은 취지로 규정하고 있다. 따라서 과세가격을 결정하는 데 있어서 최초의 그리고 가장 원칙적인 평가방법은 평가대상이 되고 있는 당해 수입물품에 대한 거래조건의 하나로 거래당사자가 계약과정에서 합의한 구매자가 판매자에게 실제로 지불하였거나 지불하여 할 가격, 즉 실제로 이루어진 거래에서 가격을 평가하는 일이다. 동시에 이러한 실제거래가격은 거래계약서나 송품장 등에 표시되어 있는 외형상의 가격이나 명목상의 가격이 아니라 수입국에 대하여 수출판매된 시점에서 구매자가 판매자에게 실제로 지불하였거나 지불하여야 할 가격이면서, 아울러 협정 제8조(수입가격에 대한 가산요소)에 규정된 바에 따라 조정된 가격이어야 한다.

수입물품에 대한 관세평가를 함에 있어 일단 당해 물품이 실제 이루어진 거래에서의 판매대상물품으로서 수입국으로 수출판매된 물품이라는 것이 확인되면 다음 단계로 수입자가 신고한 당해 거래가격이 평가협정 제1조의 실제로 지불하였거나 지불하여 할 가격에 해당되는지 여부를 살펴보아야 한다. 실제로 지불하였거나 지불하여야 할 가격이란 한마디로 구매자가 수입물품의 대가로 판매자에게 실제로 지불한 화폐적 가치에 해당하는 것을 말한다. 즉, 수입물품에 대한 대가로서 구매자가 판매자에게 직접 지불하거나 또는 판매자의 이익을 위하여 지불하는 지불금액 전체를 말한다. "판매자의 이익을 위하여"라 함은 방법과 절차의 구분 없이 결과적으로 판매자에게 도움이 되는 경우를 의미한다. 이와 같은 결과적 도움의 형성을 위한 계약당사자 간의 약정이 전제되어야 함은 당연하다. 이에 대하여 평가협정 제1조에 대한 해설서에서는 "실제지불가격이란 수입물품에 대한 대가로 구매자가 판매자에게 지급하였거나 지급하여야 할 총금액을 말한다"(우리나라 관세법 제30조 제2항과 동일).

그런데 실제지급가격에 가산할 비용으로는 다음의 6가지를 정하고 있다(관세법 제30조 제1항). 첫째, 수수료 및 중개료(여기서 구매수수료는 제외한다). 둘째 용기비용 및 포장소요비용, 셋째 생산지원물품 및 용역의 가격 또는 인하차액, 넷째 권리사용료(royalty), 다섯째 사후귀속이익, 여섯째 운임 및 보험료를 규정하고 있다.

2. 제1방법을 적용하기 위한 특수관계 여부의 검토

관세법 등 각종 세법에서는 판매자와 구매자가 법에서 규정한 일정한 관계를 형성하고 있는 경우에는 그러한 관계가 형성되지 않은 사람들 간의 거래와는 다리 별도로 법률적 취급을 하는 경우가 많다. 이른바 특수관계란 판매자와 구매자가 이와 같이 법률적으로 불특정다수의 일반적인 경우와는 달리 차별화된 취급을 해야 하는 경우를 말한다.

거래당사자 간의 실제거래가격을 기초로 평가를 하는 제1방법에서는 수입자인 구매자와 수출자인 판매자가 서로 특수관계자의 위치에 있는 경우에는 그러한 특수관계가 거래가격에 영향을 주었는지 여부를 조사하여 영향을 준 경우에 한하여 당사자 간의 실제거래가격의 적용을 배제하도록 하고 있다. 따라서 평가협정에서도 구매자와 판매자 간의 특수관계가 있는 경우에는 그러한 특수관계가 공정한 경쟁적 조건을 훼손할 가능성이 있는 것으로 보고 이와 같은 관계에 있는 구매자와 판매자 간의 거래에 대하여 각별한 관심을 보이고 이를 규제하는 규정을 두고 있는 것이다. 물론 구매자와 판매자 간에 특수관계가 있다고 하여 이들 사이의 모든 거래가 언제나 경쟁적 조건을 훼손하고 관세평가의 공정성을 침해하는 것으로 간주하여서는 아니 된다. 다만 그러한 특수관계가 경쟁적 조건하에서라면 공정하게 성립될 수 있었을 거래가격을 왜곡시키는 결과를 야기시킨 것은 아니었는지를 유념하여 살펴볼 필요가 있음을 지적하고 있는 것이다.

관세법시행령 제23조 제 1항과 관세법 제30조 제3항 제4호에서는 "구매자와 판매자 간에 대통령령이 정하는 특수관계를 다음과 같이 규정하고 있다. ① 구매자와 판매자가 상호 사업상의 임원 또는 관리자인 경우, ② 구매자와 판매자가 상호 법률상의 동업자인 경우, ③ 구매자와 판매자가 고용관계에 있는 경우, ④ 특정인이 구매자 및 판매자의 의결권 있는 주식을 직접 또는 간접으로 5퍼센트 이상 소유하거나 관리하는 경우, ⑤ 구매자 및 판매자중 일방이 상대방에 대하여 법적으로 또는 사실상으로 지시나 통제를 할 수 있는 위치에 있는 등 일방이 상대방을 직접 또는 간접으로 지배를 받은 경우, ⑥ 구매자와 판매자가 동일한 제3자에 의하여 직접 또는 간접으로 지배를 받는 경우, ⑦ 구매자와 판매자가 동일한 제3자를 직접 또는 간접으로 공동지배하는 경우, ⑧ 구매자와 판매자가 국세기본법시행령 제20조 제1호 내지 제8호의 1에 해당하는 친족관계에 있는 경우로 규정하고 있다.

본 문제에 있어서 일본의 수출자 A와 한국의 수입자 B는 관세법에서 규정하는 구매자 및 판매자 중 일방이 상대방에 대하여 법적으로 또는 사실상으로 지시나 통제를 할 수 있는 위치에 있는 등 일방이 상대방을 직접 또는 간접으로 지배를 받은 경우에 해당하는 자회사이지만 일본의 수출자 A와 한국의 수입자 B 사이에 거래되는 상품의 가격은 시장가격으로 거래하였기 때문에 특수관계가 있다 하더라도 일본의 수출자 A는 한국의 자회사인 수입업자 B에게 수출상품을 시장가격으로 판매하였으므로 양자 간의 거래는 정상적인 거래행위로서 거래가격을 과세가격으로 하는 제1방법을 적용할 수 있다.

3. 수입물품 수입에 직접지급된 가격의 산정

과세가격결정 원칙인 이른바 제1방법으로 결정한 과세가격인 거래가격은 당해 물품에 대하여 구매자가 실제로 지급하였거나 지급할 가격에 기초하여 정해진다. 이때의 실제로 지급하였거나 지급할 가격이란 구매자가 판매자에게 이미 지급하였거나 향후 지급할 수입물품의 대가를 말한다. 일반적으로 송품장 · 신용장 등의 무역서류에 나타나는 당해 수입물품의 가격과 같다. 그러나 만약 송품장 등에 표시된 가격에 상당하는 금액 외에 다른 형식이나 항목으로 지급하는 당해 물품의 대가가 더 있다면 이 금액도 포함된 총금액이 실제로 지급하였거나 지급할 가격이 된다. 다만 구매자가 지급하는 총금액에 수입물품이 우리나라에 도착한 이후에 발생하는 비용이나 연불수입에 다른 이자비용 등이 포함되어 있는 경우에는 이들 비용은 공제하고 남은 금액을 말한다.

실제지급가격에는 아직 지급되지 않았지만 앞으로 지급할 가격도 포함된다. 따라서 "실제로"라는 말이 실제로 지급된 가격, 즉 구매자가 대금을 지불함으로써 계약을 이행한 경우의 가격만을 지칭하는 것이 아니다. 이때의 실제로 국제무역시장에서 거래된 가격, 즉 실증적인 가격이라는 것이다. 실제지급가격이란 평가대상인 당해 수입물품의 가격을 말하고 가격이란 곧 그 물품의 대가를 화폐가치로 표시한 것이므로 비록 구매자가 판매자에게 지급하는 것이라 할지라도 배당금 등과 같이 당해 수입물품과 관련되지 않는 지급은 제외된다. 반대로 당해 수입물품의 판매조건으로 지급되는 경우는 모두 실제지급가격의 일부가 된다.

본 사례에서는 한국의 수입업자가 지급한 이자비용 등에 관한 요소 등과 같이 송품장 등에 표시된 가격에 상당하는 금액 외에 다른 형식이나 항목으로 지급하는 당해 물품의 대가가 더 없기 때문에 송품장 · 신용장 등의 무역서류에 나타나는 당해 수입물품의 가격이 직접 지급된 가격이라 할 수 있다. 따라서 수입물품의 물품가격은 도자기 1개당 $100×1,000개=$100,000이다.

4. 수입물품 수입에 간접지급된 가격의 산정

수입물품의 대가를 반드시 대가지급의 형식으로 판매자에게 직접 지급하여야 하는 것이 아님은 일반 상거래의 경우에서와 다르지 않다. 이 같이 물품의 대가 중 일부를 판매자가 아닌 자에게 지급하거나 물품의 대가가 아닌 다른 명목으로 지급하는 금액이 있다면 이 간접지급 금액도 당해 물품의 실제지급가격에 포함된다. 따라서 실제지급가격은 송품장 등에 표시된 가격에 간접지급금액을 더하여 계산되어야 한다. 관세법에서 당해 수입물품의 대가로서 구매자가 판매자에게 지급하였거나 지급할 총금액으로 규정하고 있고 이를 평가협정에서는 구매자가 당해 수입물품에 대하여 판매자에게 판매자의 이익을 위하여 지급하였거나 지급할 총금액으로 정의하고 있다.

간접지급에는 구매자가 당해 수입물품의 대가와 판매자의 채무를 상계하는 금액, 구매자가 판매자의 채무를 변제하는 금액(관세법 제30조 제2항) 외에 다음의 금액도 포함된다(관세법시행령 제20조 제6항). 이를 살펴보면, 첫째 판매자의 요청에 의하여 수입물품의 대가 중 전부 또는 일부를 제3자에게 지급하는 경우 그 지급금액, 둘째 구매자가 당해 수입물품의 거래조건으로 판매자 또는 제3자가 수행하여야 하는 하자보증을 대신하고 그에 해당하는 금액을 할인받았거나 하자보증비 중 전부 또는 일부를 별도로 지급하는 경우 해당금액, 셋째 수입물품의 거래조건으로 구매자가 지급하는 외국훈련비 또는 외국교육비, 넷째 기타 일반적으로 판매자가 부담하는 금융비용 등을 구매자가 지급하는 경우 그 지급금액 등을 들 수 있다.

1) 하자보증에 관한 비용 처리

일반적으로 하자보증(warranty)이란 제조자 또는 판매자가 공급하는 물품에 대한 품질보증(guarantee of quality)의 한 형태로서 물품의 하자(瑕疵) 없음을 보증하는 것이다. 통상 보증이 자동차와 전자기기와 같은 품목에 대한 품질보증의 한 형태로 일정조건에 부합하는 경우에는 보증책임자가 보수(부분품 또는 용역) 또는 대체에 필요한 비용을 부담하는 경우를 일컫는 것임에 반해, "유지보수(maintenance)"는 산업설비 · 장비 등의 물품이 구매목적에 부합하는 기능을 수행할 수 있는 일정기준을 유지하도록 보장하기 위한 동 물품에 대한 예방적 조치의 한 형태라고 하고 있다.

하자비용에 관한 우리나라 관세법을 살펴보면 구매자가 당해 수입물품의 거래조건으로 판매자 또는 제3자가 수행하여야 하는 하자보증을 대신하고 그에 해당하는 금액을 할인받았거나 하자보증비 중 전부 또는 일부를 별도로 지급하는 경우 해당금액은 기타의 간접적인 지급액으로 보고 있다(관세법시행령 제20조 제6항 제2호). 구매자가 당해 수입물품의 거래조건으로 판매자 또는 제3자가 수행하여야 하는 하자보증을 대신하고 그에 해당하는 금액을 할인받았거나 하자보증비 중 전부 또는 일부를 별도로 지급하는 경우 해당금액은 기타의 간접적인 지급액으로 보고 있다.

이를 WTO 관세평가협정에서 보면(WTO 관세평가협정 제1조 주해 제1항 및 제2항) 판매자의 이익을 위하여(for the benefit of the seller) 제3자에게 간접적으로 지급하는 경우, 수입물품의 대가와 판매자의 채무를 상계하는 경우, 구매자가 판매자의 채무를 변제하는 경우도 판매의 개념에 포함되는 것이며 금액으로 계산할 수 있는 조건 또는 사정이 있다면 이는 직접 또는 간접지급액이 되므로 실제 지급하였거나 지급하여야 할 가격에 포함되는 것이나, 구매자가 자신의 계산과 책임으로 행한 활동은 비록 판매자에게 이익이 되는 것으로 보여진다 할지라도 판매자에 대한 간접적인 지급으로 간주될 수 없다. 그러므로 이러한 활동의 비용은 과세가격을 결정함에 있어 실제로 지급하였거나 지급하여야 할 가격에 추가되지 아니한다. 또한 구매자가 비록 판매자와 합의에 의하더라도 그 자신의 계산으로(on his own account) 수입물품의 생산 또는 시장판매

(marketing)에 관련되는 활동을 수행할 경우 이러한 활동의 가치는 과세가격의 일부가 되지 않으며 이러한 활동이 거래가격을 부인하는 원인이 되지 못한다고 규정하고 있다. 이러한 활동 중 시장판매와 관련되는 것으로서 가장 중요한 것은 광고 · 하자보증이 있으며, 이들은 마케팅 및 판촉활동으로서 판매를 증가시키거나 상표이미지 제고 등을 통하여 판매자와 구매자 모두에게 이익을 주는 것이다.

본 거래에서 하자보증비는 판매자가 지불하여야 할 금액을 구매자인 한국의 수입자가 부담하고 이를 수입물품에 공제하는 형식의 거래이므로 하자보증비 할인액은 수입가격을 구성하는 중요한 요소라 할 수 있으며 이는 수입가격에 포함되어야 한다. 따라서 개당 $5×1,000개=$5,000는 과세가격에 포함된다.

5. 수입물품의 거래가격의 조정요소

수입물품의 과세가격은 당해 물품에 대하여 실제로 지급하였거나 지급하여야 할 가격에 다음에서 설명하는 비용을 가산하여 조정한 거래가격으로 산정될 수 있다. 이때 실제지급가격에 가산할 비용은 반드시 다음의 5가지에 한정되어야 하고 또한 각 비용의 가산은 객관적이고 수량화할 수 있는 자료가 없는 경우에는 정확한 거래가격을 결정할 수 없으므로 제1방법을 적용할 수 없다(관세법 제30조 제1항).

1) 수수료 및 중개료

수수료 및 중개료는 매매계약 체결과정에 참여하여 계약을 성사시키는데 기여한 중간역할자의 활동의 대가로 지급하는 비용이다. 구매자가 부담하는 수수료와 중개료(구매수수료 제외)로서 당해 수입물품의 실제지급가격에 포함되지 않은 것은 실제지급가격에 가산하여야 한다. 수수료와 중개료는 중간역할자의 역할에 따라 다음의 3가지로 나눌 수 있다.

(1) 판매대리인 및 판매수수료

판매대리인은 판매자를 위하여 고객을 물색하고 주문을 수집하는 한편, 경우에 따라 물품의 보관과 운반을 알선하는 등의 서비스를 제공한다. 판매대리인은 이러한 서비스에 대한 대가로 통상 물품가격의 몇%에 해당하는 판매수수료를 받는다.

(2) 구매대리인 및 구매수수료

구매대리인은 해외에서 구매자를 대리하여 당해 물품의 구매를 위한 공급자 물색, 견본수집, 보험 · 운송 · 보관 등 주선, 물품검사 등의 서비스를 제공하고 그 대가로 구매수수료를 받는다. 이러한 구매수수료는 당해 수입물품의 과세가격에 포함되지 않는다.

(3) 중개인 및 중개료

중개인은 구매자와 판매자의 가운데서 양자 간의 거래를 알선하는 서비스를 제공하고 그 대가로 물품가격의 일정 율에 상당하는 중개료를 받는다. 중개수수료도 판매자가 지급하는 금액은 물품가격에 이미 전가되어 있는 경우 별도로 가산할 필요가 없다. 다만, 중개료의 전부 또는 일부를 구매자가 물품대가와 별도로 지급하는 경우에 한하여 그 금액은 실제지급가격에 가산하게 된다.

본 사례에서 한국의 수입자가 구매대리인에게 지급한 구매수수료는 구매중개인의 구매수수료가 유일하며 구매대리인이 구매자를 위해 활동하고 구매자가 지급한 구매수수료는 $1,000나 과세가격에 가산되지 않는다.

2) 용기 및 포장비용

관세행정 목적상 당해 수입물품의 동일체로 취급되는 용기의 비용과 당해 물품의 포장에 소요되는 노무비 및 자재비로서 구매자가 부담하는 비용은 실제지급가격에 가산하여야 한다. 포장에 소요되는 노무비 및 자재비의 경우 일반적으로 수입물품은 운송 및 보관상의 필요로 인하여 포장을 하게 되고 이 포장비용은 내용물인 당해 물품의 가격에 포함되어 구매자가 부담하게 된다. 따라서 통상의 포장비용은 당해 수입물품에 대한 실제지급가격의 일부로서 과세가격을 구성하게 된다. 특별히 고가의 첨단기기를 주문제작하여 수입하는 국내 수입자가 직접 포장전문업체를 물색하여 자신이 원하는 포장을 하게 한다면 그 소요비용은 구매자가 포장업체에 지급하게 된다. 이와 같이 포장비용을 구매자가 물품의 대가와 별도로 지불하는 경우 그 비용은 가산비용으로서 거래가격을 구성하는 방법으로 과세가격에 포함시켜야 한다. 본 사례에서는 $10×1,000개=$10,000가 과세가격에 추가된다.

3) 생산지원비 명목으로 지급된 금액의 조정계산

생산지원이란 구매자가 당해 물품의 생산 및 수출거래를 위하여 무료 또는 인하된 가격으로 직접 또는 간접으로 특정의 물품 및 용역을 공급하는 것을 말하는데 이때에는 그 가격 또는 인하차액을 당해 수입물품의 실제지급가격에 가산하여야 한다. 관세평가협정 제8조 제1항 (나)호와 우리나라 관세법시행령 제18조에서 정의하는 생산지원의 유형을 살펴보면 ① 수입물품에 결합되는 재료, 구성요소, 부분품, 기타 이와 비슷한 물품, ② 수입물품의 생산에 사용되는 공구, 금형, 다이스 및 이와 비슷한 물품으로서 기획재정부령이 정하는 것, ③ 당해 수입물품의 생산과정에 소비되는 물품, ④ 당해 수입물품의 생산에 필요한 기술, 설계, 고안, 공예 및 의장(우리나라에서 개발된 것은 제외함)으로 정의되어 있다. 그런데 이러한 생산지원비가 과세가격에 가산되기 위한 요건으로서는, 첫째 수입물품이 실제지급가격에 생산지원에 해당하는 금액이 포함되어 있지 않아야 하고, 둘째 구매자로부터 물품 또는 용역이 공급되어야 한다. 이는 구매자가 구체적인 물품, 즉 수입물품의 재료, 생산공구, 생산공정상의 소모품 등과 같은 물품이나 기술 및 설계의 등의 용역을 실제로 제공하는 것을 의미한다. 셋째, 제공되는 물품과 용역은 수입물품에 결합되거나 수입물품의 생산과정에 직접 사용 · 소비되는 것이어야 한다.

본 사례에서는 공구 및 디바이스(형판)와 범주에 속하는 생산지원이 과세의 대상이 되기 위해서는 이것들은 반드시 당해 수입물품의 생산에 사용되어져야 하는 것을 전제로 하고 있다. 따라서 일반적 유형의 기계류나 사무용기기 또는 범용성이 있는 공장설비 등은 그것들이 당해 수입물품을 생산하는 데 직접 사용되지 않는 한 여기에서 말하는 생산지원으로 간주되지 않는다. 따라서 앞에서 제시된 수출자 공장에 변압기, 비상용 발전설비 등의 설치 명목으로 $10만의 생산지원은 과세대상에서 제외되고 수출품의 생산을 위해 사용되는 공구 및 디바이스(형판) 세팅을 지원하는 명목으로 동시에 $5만의 지원금만 과세가격에 포함된다.

4) 권리사용료의 조정계산

관세법 제30조 제1항 제4호에서는 과세가격인 거래가격에 가산하여야 할 비용 중의 하나로 특허권, 실용신안권, 의장권(디자인권), 상표권 및 이와 유사한 권리를 사용하는 대가로 지급하는 권리사용료를 규정하고 있다. 여기서 "당해 물품에 관련되고 당해 물품의 거래조건으로 지급되는 권리사용료에 한하여 수입물품의 과세가격의 일부가 된다"라고 규정하고 있다(관세법시행령 제19조 제2항). 여기서 중요한 권리사용료에 대한 문제는 구매자가 당해 수입물품의 가격 외에 별도로 지급하는 권리사용료가 당해 수입물품의 과세가격에 포함되어 있지 않아야 한다. 상기 사례에서는 별도로 지급한 권리사용료 $5,000는 과세가격에 포함된다.

5) 운임 및 보험료의 조정계산

우리나라는 관세법에 정상도착가격 개념을 도입한 이래 일관되게 운임과 보험료를 수입물품의 과세가격에 포함시켜 왔다. 그러나 평가협정에서는 운임 및 보험료를 비롯하여 양하비 · 적하비 등의 운송관련비용의 전부 또는 일부를 과세가격에 포함시킬 것인지의 여부를 각국의 선택에 일임하고 있다. 당해 수입물품의 거래조건은 CIF조건의 계약이므로 우리나라의 수입항까지 운송하는 데 소요된 운임 및 보험료 기타 운송관련비용은 실제지급가격에 이미 포함되어 있으므로 추가적으로 계산하지 않는다. 본 사례에서는 운송비 및 보험료에 대한 비용 $2,000와 $500는 과세가격에 포함되지 않는다.

6. 과세가격의 결정

본 거래에 대한 내용을 평가협정의 규정과 관세법 및 시행령에 관련된 규정을 종합적으로 검토해볼 때 다음과 같이 과세가격의 기초가 되는 과세가격을 다음과 같이 계산해볼 수 있다.

① 우선 수입물품의 물품가격은 도자기 1개당 $100×1,000개=$100,000에 다음의 가산요소들이 가산된다.

② 하자보증비 할인액은 수입가격을 구성하는 중요한 요소라 할 수 있으며 이는 수입가격에 포함되어야 한다. 따라서 개당 $5×1,000개=$5,000는 과세가격에 포함된다.

③ 한국의 수입자가 구매대리인에게 지급한 구매수수료는 구매중개인의 구매수수료가 유일하며 구매대리인이 구매자를 위해 활동하고 구매자가 지급한 구매수수료는 $1,000나 과세가격에 가산되지 않는다.

④ 수출자 공장에 변압기, 비상용 발전설비 등의 설치 명목으로 $10만의 생산지원은 과세대상에서 제외되고 수출품의 생산을 위해 사용되는 공구 및 디바이스(형판) 세팅을 지원하는 명목으로 동시에 $50,000를 지원금만 과세가격에 포함된다.

⑤ 포장비는 $10×1,000개=$10,000가 과세가격에 추가된다.

⑥ CIF조건의 계약이므로 우리나라의 수입항까지 운송하는 데 소요된 운임 및 보험료 기타 운송관련비용은 실제지급가격에 이미 포함 되어 있으므로 추가적으로 계산하지 않는다. 본 사례에서는 운송비 및 보험료에 대한 비용 $2,000와 $500는 과세가격에 포함되지 않는다.

⑦ 권리사용료(로열티) $5,000는 과세가격에 포함된다.

따라서 과세가격은 물품가격 \$100,000+하자보증비 \$5,000\$+생산지원비 \$50,000+로열티 \$1,000+포장비 \$10,000로서 이들 비용 모두를 합산하면 과세가격은 \$166,000이다.

〈예제 10〉

비용요소를 가산한 조정거래가격을 통한 과세가격의 결정

1. 서론

2. 구매자와 판매자 간의 특수관계와 거래가격의 인정 여부

3. 물품수입 대가가 아닌 간접지급된 가격의 산정

4. 수입물품의 과세가격에 대한 가산요소 산정
   1) 수수료 및 중개료에 대한 가산비용
   2) 용기 및 포장비용에 대한 가산비용
   3) 생산지원비용의 배분에 대한 가산비용
   4) 권리를 사용하는 대가의 가산비용
   5) 운임 및 보험료에 대한 가산비용

5. 과세가격의 결정

미국의 수출자 A는 미국에서 비디오 레이저디스크를 제조하는 생산자이다. 한국의 수입자 B는 미국 수출자 A가 100%로 투자한 자회사이며 미국 수출자 A로부터 레이저디스크를 수입하여 수입된 디스크에 미국의 음악비디오를 수입된 디스크에 적재하여 한국 내 음반도매상에게 판매하고 있다.

금번 미국의 수출자 A는 한국의 수입자 B에게 디스크 1만 개를 개당 $20에 판매하였다. 국내 총판매액의 크기가 객관적 증빙에 의해 계산되어 있다고 하자. 아래에 제시된 조건하에서 과세가격을 결정하기 위한 가산요소를 고려하면 실제과세가격이 얼마인지를 계산하시오.

1. 한국의 수입판매자 B는 미국의 수출자 A가 100% 투자한 특수관계에 있는 자회사이다.
2. 미국의 수출자 A는 한국의 특수관계인 수입자 B에게 레이저디스크를 시장가격으로 판매하고 있다.
3. 미국의 수출자 A는 한국에 수출할 레이저디스크에 음악비디오를 전자적 신호로 변환한 마스터테이프를 저장한 후 이를 음반으로 제작하여 한국의 음반도매상에게 공급하고 있다.
4. 한국의 수입자 B는 수입디스크에 음악비디오를 저장하기 위하여 미국의 음반기획사 C와 라이센스 계약을 체결한 후 C가 제작한 음악비디오 음원과 마스터테이프를 제공받아 이를 한국으로 수입되는 음반제작에 사용하고 있으며 음악비디오와 마스터테이프를 사용하는 대가로 판매대금의 10%에 상당하는 로열티를 미국 음반기획사 C에게 지급하는 계약을 체결하였다.
5. 미국의 수출자 A는 음반제작사 C가 제공한 음원과 마스터테이프를 대용량 디스크 복사기계로 디스크에 저장하여 판매용 디스크를 제작한 후 이를 한국에 수출하는 형식의 거래를 하고 있다. 한편 미국의 음반제작사 C

는 미국이 아닌 영국의 리버풀 소재 음악작업실에서 마스터테이프를 제작하였다.

6. 미국의 수출자 A와 미국의 음반제작자 C는 특수관계가 아니다.
7. C가 사용한 마스터테이프는 한국의 수입자 B가 무상으로 제공하였다.
8. 미국의 음반제작자 C가 사용한 디스크 저장장비 및 복제관련 장비(100만 개 제작 내구성) 등 10만달러는 한국의 수입업자 B가 구비하여 C에게 무상으로 제공하였다.
9. 미국 수출자 A는 수입물품을 미국에서 한국으로 수출하는 가격조건은 FOB조건이며 한국의 수입자가 지출한 총운임은 $1,000, 보험료는 $500를 지급하였다.
10. 본 거래의 물품을 구매하기 위하여 한국의 수입자 B는 구매대리인을 물색하여 당해 물품의 구매를 위하여 보험 · 운송 · 보관 등 주선, 물품검사 등의 서비스를 제공하고 그 대가로 구매수수료 1만달러를 지급하였다.

1. 서론

수입물품의 과세가격은 당해 물품에 대하여 실제로 지급하였거나 지급하여야 할 가격에 다음에 설정하는 비용을 가산하여 조정한 거래가격이다. 이때 실제지급가격에 가산할 비용은 반드시 규정된 6가지에 한정되어야 하고(본 서론 마지막부분 참조) 또한 각 비용의 가산은 객관적이고 수량화 할 수 있는 자료에 근거하여야 한다. 객관적이고 수량화할 수 없는 경우에는 정확한 거래가격을 결정할수 없으므로 제1방법을 적용할 수 없다(관세법 제30조 제1항)라고 규정하고 있는데 이는 관세평가협정과 같은 취지라 할 수 있다. 이를 WTO 관세평가협정 제1조 제1항에서 살펴보면 “수입물품의 과세가격은 거래가격, 즉 수입국에 수출판매되는 상품에 대하여 실제로 지불하였거나 지불하여야 할 가격을 제8조의 규정에 따라 조정한 가격이며 수입물품의 처분 및 사용상의 제한이 없을 것을 조건을 충족하여야 한다”라고 규정하고 있다. 따라서 과세가격을 결정하는 데 있어서 최초의 그리고 가장 원칙적인 평가방법은 평가대상이 되고 있는 당해 수입물품에 대한 거래조건의 하나로 거래당사자가 계약과정에서 합의한 구매자가 판매자에게 실제로 지불하였거나 지불하여 할 가격, 즉 실제로 이루어진 거래에서 가격을 평가하는 일이다. 동시에 이러한 실제 거래가격은 거래계약서나 송품장 등에 표시되어 있는 외형상의 가격이나 명목상의 가격이 아니라 수입국에 대하여 수출판매된 시점에서 구매자가 판매자에게 실제로 지불하였거나 지불하여야 할 가격이면서, 아울러 협정 제8조(수입가격에 대한 가산요소)에 규정된 바에 따라 조정된 가격이어야 한다.

수입물품에 대한 관세평가를 함에 있어 일단 당해 물품이 실제 이루어진 거래에서의 판매대상물품으로서 수입국으로 수출판매된 물품이라는 것이 확인되면 다음 단계로 수입자가 신고한 당해 거래가격이 평가협정 제1조의 실제로 지불하였거나 지불하여 할 가격에 해당되는지 여부를 살펴보아야 한다. 실제로 지불하였거나 지불하여야 할 가격이란 한마디로 구매자가 수입물품의 대가로 판매자에게 실제로 지불한 화폐적 가치에 해당하는 것을 말한다. 즉, 수입물품에 대한 대가로서 구매자가 판매자에게 직접 지불하거나 또는 판매자의 이익을 위하여 지불하는 지불금액 전체를 말한다. “판매자의 이익을 위하여”라 함은 방법과 절차의 구분 없이 결과적으로 판매자에게 도움이 되는 경우를 의미한다. 이와 같은 결과적 도움의 형성을 위한 계약당사자 간의 약정이 전제되어야 함은 당연하다. 이에 대하여 평가협정 제1조에 대한 해설서에서는 “실제지불가격이란 수입물품에 대한 대가로 구매자가 판매자에게 지급하였거나 지급하여야 할 총금액을 말한다"(우리나라 관세법 제30조 제2항과 동일).

그런데 실제지급가격에 가산할 비용으로는 다음의 6가지를 정하고 있다(관세법 제30조 제1항). 첫째, 수수료 및 중개료(여기서 구매수수료는 제외한다). 둘째 용기비용 및 포장소요비용, 셋째 생산지원물품 및 용역의 가격 또는 인하차액, 넷째 권리사용료(royalty), 다섯째 사후귀속이익, 여섯째 운임 및 보험료를 규정하고 있다.

2. 구매자와 판매자 간의 특수관계와 거래가격의 인정 여부

관세법 및 각종 세법에서는 판매자와 구매자가 법에서 규정한 일정한 관계를 형성하고 있는 경우에는 그러한 관계가 형성되지 않은 사람들 간의 거래와는 달리 별도로 법률적 취급을 하는 경우가 많다. 이른바 특수관계란 판매자와 구매자가 이와 같이 법률적으로 불특정다수의 일반적인 경우와는 달리 차별화된 취급을 해야 하는 경우를 말한다.

거래당사자 간의 실제거래가격을 기초로 평가를 하는 제1방법에서는 수입자인 구매자와 수출자인 판매자가 서로 특수관계자의 위치에 있는 경우에는 그러한 특수관계가 거래가격에 영향을 주었는지 여부를 조사하여 영향을 준 경우에 한하여 당사자 간의 실제거래가격의 적용을 배제하도록 하고 있다. 따라서 평가협정에서도 구매자와 판매자 간의 특수관계가 있는 경우에는 그러한 특수관계가 공정한 경쟁적 조건을 훼손할 가능성이 있는 것으로 보고 이와 같은 관계에 있는 구매자와 판매자 간의 거래에 대하여 각별한 관심을 보이고 이를 규제하는 규정을 두고 있는 것이다. 물론 구매자와 판매자 간에 특수관계가 있다고 하여 이들 사이의 모든 거래가 언제나 경쟁적 조건을 훼손하고 관세평가의 공정성을 침해하는 것으로 간주하여서는 아니 된다. 다만 그러한 특수관계가 경쟁적 조건하에서라면 공정하게 성립될 수 있었을 거래가격을 왜곡시키는 결과를 야기시킨 것은 아니었는지를 유념하여 살펴볼 필요가 있음을 지적하고 있는 것이다.

관세법시행령 제23조 제1항과 관세법 제30조 제3항 제4호에서는 "구매자와 판매자 간에 대통령령이 정하는 특수관계를 다음과 같이 규정하고 있다. ① 구매자와 판매자가 상호 사업상의 임원 또는 관리자인 경우, ② 구매자와 판매자가 상호 법률상의 동업자인 경우, ③ 구매자와 판매자가 고용관계에 있는 경우, ④ 특정인이 구매자 및 판매자의 의결권 있는 주식을 직접 또는 간접으로 5퍼센트 이상 소유하거나 관리하는 경우, ⑤ 구매자 및 판매자 중 일방이 상대방에 대하여 법적으로 또는 사실상으로 지시나 통제를 할 수 있는 위치에 있는 등 일방이 상대방을 직접 또는 간접으로 지배를 받는 경우, ⑥ 구매자와 판매자가 동일한 제3자에 의하여 직접 또는 간접으로 지배를 받는 경우, ⑦ 구매자와 판매자가 동일한 제3자를 직접 또는 간접으로 공동지배하는 경우, ⑧ 구매자와 판매자가 국세기본법시행령 제20조 제1호 내지 제8호의1에 해당하는 친족관계에 있는 경우로 규정하고 있다.

본 문제에 있어서 미국의 수출자 A와 한국의 수입자 B는 관세법에서 규정하는 구매자 및 판매자 중 일방이 상대방에 대하여 법적으로 또는 사실상으로 지시나 통제를 할 수 있는 위치에 있는 등 일방이 상대방을 직접 또는 간접으로 지배를 받은 경우에 해당하는 자회사이지만 미국의 수출자 A와 한국의 수입자 B 사이에 거래되는 상품의 가격은 시장가격으로 거래하였기 때문에 특수관계가 있다 하더라도 미국의 수출자 A는 한국의 자회사인 수입업자 B에게 수출상품을 시장가격으로 판매하였으므로 양자 간의 거래는 정상적인 거래행위로서 거래가격을 과세가격으로 하는 제1방법을 적용할 수 있다.

3. 물품수입 대가가 아닌 간접지급된 가격의 산정

수입물품의 대가를 반드시 대가지급의 형식으로 판매자에게 직접 지급하여야 하는 것이 아님은 일반상거래의 경우에서와 다르지 않다. 이 같이 물품의 대가 중 일부를 판매자가 아닌 자에게 지급하거나, 물품의 대가가 아닌 다른 명목으로 지급하는 금액이 있다면 이 간접지급금액도 당해 물품의 실제지급가격에 포함된다. 따라서 실제지급가격은 송품장 등에 표시된 가격에 간접지급금액을 더하여 계산되어야 한다. 관세법에서 당해 수입물품의 대가로서 구매자가 판매자에게 지급하였거나 지급할 총금액으로 규정하고 있고 이를 평가협정에서는 구매자가 당해 수입물품에 대하여 판매자에게 판매자의 이익을 위하여 지급하였거나 지급할 총금액으로 정의하고 있다.

간접지급에는 구매자가 당해 수입물품의 대가와 판매자의 채무를 상계하는 금액, 구매자가 판매자의 채무를 변제하는 금액(관세법 제30조 제2항) 외에 다음의 금액도 포함된다(관세법시행령 제20조 제6항). 이를 살펴보면, 첫째 판매자의 요청에 의하여 수입물품의 대가 중 전부 또는 일부를 제3자에게 지급하는 경우 그 지급금액, 둘째 구매자가 당해 수입물품의 거래조건으로 판매자 또는 제3자가 수행하여야 하는 하자보증을 대신하고 그에 해당하는 금액을 할인받았거나 하자보증비 중 전부 또는 일부를 별도로 지급하는 경우 해당금액, 셋째 수입물품의 거래조건으로 구매자가 지급하는 외국훈련비 또는 외국교육비, 넷째 기타 일반적으로 판매자가 부담하는 금융비용 등을 구매자가 지급하는 경우 그 지급금액 등을 들 수 있다.

본 사례에서는 한국의 수입업자가 채무상계 및 간접할인, 하자비용을 별도로 지급하지 않고 훈련에 관련된 비용도 지불하지 않기 때문에 송품장가격 외에 특별한 간접지급비용은 계산되지 않는다.

4. 수입물품의 과세가격에 대한 가산요소 산정

수입물품의 과세가격은 당해 물품에 대하여 실제로 지급하였거나 지급하여야 할 가격에 다음에서 설명하는 비용을 가산하여 조정한 거래가격으로 산정될 수 있다. 이때 실제지급가격에 가산할 비용은 반드시 6가지 비용(수수료 및 중개료, 용기 및 포장비용, 생산지원비, 권리사용료, 사후귀속이익), 운임 및 보험료에 한정되어야 하고 또한 각 비용의 가산은 객관적이고 수량화할 수 있는 자료가 없는 경우에는 정확한 거래가격을 결정할 수 없으므로 제1방법을 적용할 수 없다(관세법 제30조 제1항).

1) 수수료 및 중개료에 대한 가산비용

이는 매매계약 체결과정에 참여하여 계약을 성사시키는 데 기여한 중간역할자의 활동의 대가로 지급하는 비용이다. 구매자가 부담하는 수수료와 중개료(구매수수료 제외)로서 당해 수입물품의 실제지급가격에 포함되지 않은 것은 실제지급가격에 가산하여야 한다. 수수료와 중개료는 중간역할자의 역할에 따라 다음의 3가지로 나눌 수 있다. ① 판매대리인 및 판매수수료를 들 수 있다. 판매대리인은 판매자를 위하여 고객을 물색하고 주문을 수집하는 한편, 경우에 따라 물품의 보관과 운반을 알선하는 등의 서비스를 제공한다. 판매대리인은 이러한 서비스에 대한 대가로 통상 물품가격의 몇%에 해당하는 판매수수료를 받는다. ② 다음으로 구매대리인 및 구매수수료에 관한 내용이다. 구매대리인은 해외에서 구매자를 대리하여 당해 물품의 구매를 위한 공급자 물색, 견본수집, 보험 · 운송 · 보관 등 주선, 물품검사 등의 서비스를 제공하고 그 대가로 구매수수료를 받는다. 이러한 구매수수료는 당해 수입물품의 과세가격에 포함되지 않는다. ③ 마지막으로 중개인 및 중개료를 들 수 있다. 중개인은 구매자와 판매자의 가운데서 양자 간의 거래를 알선하는 서비스를 제공하고 그 대가로 물품가격의 일정 율에 상당하는 중개료를 받는다. 중개수수료도 판매자가 지급하는 금액은 물품가격에 이미 전가되어 있는 경우 별도로 가산할 필요가 없다. 다만, 중개료의 전부 또는 일부를 구매자가 물품대가와 별도로 지급하는 경우에 한하여 그 금액은 실제지급가격에 가산하게 된다.

본 거래에 관련하여 판매수수료와 중개료에 대한 구체적 언급이 없으므로 이들 비용은 별도로 가산할 필요가 없다. 한편 구매수수료는 한국의 수입업자가 보험 · 운송 · 보관 등 주선, 물품검사 등의 서비스를 위해 구매대리인에게 $1만를 지급하였지만 구매수수료는 가산요소가 아니므로 본 거래와 관련된 수수료비용은 가산요소가 없다.

2) 용기 및 포장비용에 대한 가산비용

관세행정 목적상 당해 수입물품의 동일체로 취급되는 용기의 비용과 당해 물품의 포장에 소요되는 노무비 및 자재비로서 구매자가 부담하는 비용은 실제지급가격에 가산하여야 한다. 포장에 소요되는 노무비 및 자재비의 경우 일반적으로 수입물품은 운송 및 보관상의 필요로 인하여 포장을 하게 되고 이 포장비용은 내용물인 당해 물품의 가격에 포함되어 구매자가 부담하게 된다. 따라서 통상의 포장비용은 당해 수입물품에 대한 실제지급가격의 일부로서 과세가격을 구성하게 된다. 특별히 고가의 첨단기기를 주문제작하여 수입하는 국내 수입자가 직접 포장전문업체를 물색하여 자신이 원하는 포장을 하게 한다면 그 소요비용은 구매자가 포장업체에 지급하게 된다. 본 거래에 있어서는 이와 같이 포장비용을 구매자가 물품의 대가와 별도로 지불하는 비용이 없으므로 과세가격에 특별히 가산할 비용이 없다.

3) 생산지원비용의 배분에 대한 가산비용

구매자가 당해 물품의 생산 및 수출거래를 위하여 무료 또는 인하된 가격으로 직접 또는 간접으로 특정의 물품 및 용역을 공급하는 때에는 그 가격 또는 인하차액을 당해 수입물품의 실제지급가격에 가산하여야 한다. 구매자가 무료 또는 인하된 가격으로 판매자 또는 생산자에게 물품 또는 용역을 공급하는 경우 이 물품 또는 용역을 이용하거나 사용하여 생산하는 물품의 가격에는 이 물품 또는 용역의 대가가 포함되지 않는 것이 보통이다. 그런데 만약 이들 물품 또는 용역을 구매자가 공급하지 않고 판매자나 생산자가 직접 구입 조달하였다면 그 대가는 당연히 수입물품의 가격의 일부를 구성하게 될 것이다. 따라서 과세가격 결정 시 수입물품의 외견상의 가격에 이 물품 또는 용역의 대가를 가산하여야만 수입시점에서의 당해 수입물품의 실제의 가치가 반영된 거래가격을 파악하게 된다. 구매자가 무료 또는 인하된 가격으로 공급한 생산지원요소는 당해 수입물품만을 생산하는 데 그치는 경우는 드물고 상당히 장기간에 걸쳐 사용되는 것이 보통이다. 이 경우 구매자가 공급한 생산지원금액 전부를 당해 수입물품의 과세가격에 포함시키는 것은 불합리하므로 생산지원 비용 중에서 당해 수입물품의 생산에 해당한 금액만을 비례배분하여 가산할 수 있도록 하고 있다.

본 사례에서는 100만 개 생산가능한 생산지원비용 중(디스크 저장장비 및 복제관련 장비 지원비용) 당해 수입물품의 생산에 사용된 또는 기여한 부분만 가산대상으로 하여야 한다. 따라서 당해 수입물품과 관련이 있는 1만 개 생산에 기여한 부분의 비용을 배분하면 (1/100)×$10만는 $1,000가 당해 수입물품 생산에 지원된 생산지원비용이라 할 수 있다.

4) 권리를 사용하는 대가의 가산비용

수입물품의 과세가격인 거래가격은 우리나라에 수출하기 위하여 판매되는 물품에 대하여 구매자가 실제로 지급하였거나 지급하여야 할 가격에 몇 가지 비용을 가산하여 조정한 금액이고, 이렇게 가산하여야 할 비용 중의 하나가 특허권, 실용신안권, 디자인권, 상표권 및 이와 유사한 권리를 사용하는 대가로 지급하는 권리사용료이다. 이는 앞에서 언급한 관세법 제30조 제1항 제4호에 규정되어 있다. 물론, 모든 권리사용료가 가산비용인 것은 아니고 반드시 당해 물품에 관련되고 당해 물품의 거래조건으로 지급되는 권리사용료에 한하여 수입물품의 과세가격의 일부가 된다(관세법시행령 제19조 제2항). 또한 여기서 고려해야 할 권리사용료에 관련된 사안 중의 하나는 구매자가 당해 수입물품의 가격 외에 별도로 지급하는 권리사용료가 당해 수입물품의 과세가격에 포함되어 있지 않아야 한다는 점이다. 미국의 음원제공자 C는 음악비디오 영상을 마스터테이프에 편집수록한 것은 수입물품(비디오디스크) 생산을 위한 설계 및 고안 단계에 해당된다고 할 수 있다.

본 거래에 있어 생산지원인 마스터테이프 제작이 우리나라에서 수행되지 않았고 판매자에게 무상으로 공급되었으므로 한국의 수입업자 B가 미국의 음원제공자 C에게 지불할 10%의 라이센스료는 판매대금의 10%이므로 실제 디스크 판매금액은 개당 $20×1만개=20만달러의 10%로서 2만달러가 권리사용료이며 이는 과세가격에 포함된다.

5) 운임 및 보험료에 대한 가산비용

당해 수입물품을 우리나라의 수입항까지 운송하는 데 소요된 운임치 보험료 기타 운송관련비용은 실제지급가격에 가산하여야 한다. 우리나라는 관세법에 정상도착가격 개념을 도입한 이래 일관되게 운임과 보험료를 수입물품의 과세가격에 포함시켜 왔다. 그러나 평가협정에서는 운임 및 보험료를 비롯하여 양하비, 적하비 등의 운송관련 비용의 전부 또는 일부를 과세가격에 포함시킬 것인지의 여부를 각국의 선택에 일임하고 있다. 본 사례에서는 운송비 및 보험료에 대한 비용 $1,000와 $200를 과세가격에 가산하여야 한다.

5. 과세가격의 결정

본 거래에 대한 내용을 평가협정의 규정과 관세법 및 시행령에 관련된 규정을 종합적으로 검토해볼 때 과세가격의 기초가 되는 과세가격을 다음과 같이 계산해볼 수 있다.

첫째, 수입물품의 물품가격은 디스크 1개당 $20×1만개=$200,000에 다음의 가산요소들이 가산된다. 둘째, 거래관련 수수료는 가산요소가 없으므로 0이다. 셋째, 용기 및 포장과 관련된 비용은 특별히 요구된 것이 없으므로 가산비용은 0이다. 넷째, 한국의 수입자가 생산지원명목으로 지불한 생산지원비는 100만 개 생산가능한 생산지원비용 중(디스크 저장장비 및 복제관련 장비 지원비용) 당해 수입물품의 생산 1만 개에 사용된 또는 기여한 부분만 가산대상으로 하여야 한다. 따라서 당해 수입물품과 관련이 있는 1만 개 생산에 기여한 부분의 비용을 배분하면 (1/100)×$10만는 $1,000가 당해 수입물품 생산에 지원된 생산지원비용이라 할 수 있으며 이는 과세가격에 포함된다. 다섯째, 본 거래수입물품의 물품가격이 $20만이고 물품가격의 10%가 권리사용료이므로 실제 지불된 로열티 $20,000 가산요소로 과세가격에 포함된다. 여섯째, 운송비 $1,000와 보험료 $200가 과세가격에 가산되어야 한다.

따라서 과세가격은 물품가격 $200,000+거래관련 수수료 $0+포장비 $0+생산지원비 $1,000+로열티 $20,000+운송비 $1,000+보험료 $200로서 이들 비용 모두를 합산하면 과세가격은 $222,200이다.

〈예제 11〉

실제지급가격을 기초로 한 과세가격의 결정

1. 서론

2. 제1방법을 적용하기 위한 수출판매 거래요건 여부의 검토

3. 수입물품 수입에 직접지급된 가격의 산정

4. 수입물품 수입에 간접지급된 가격의 산정

5. 수입물품의 과세가격에 대한 가산요소 산정
   1) 수수료 및 중개료
   2) 용기 및 포장비용
   3) 생산지원비
   4) 권리사용료
   5) 운임 및 보험료

6. 과세가격의 산정

당해 물품의 거래가격을 기준으로 한 과세평가를 할 경우 실제지급가격에 가산해야 할 아래의 요소들에 대해 설명한 후 아래의 간단한 사례를 통해 과세가격의 결정을 설명하시오.

미국의 수출자인 A는 한국의 수입자 B에게 반도체 제조장비 10대를 대당 $1만의 가격으로 계산하여 선적하였고 한국의 수입업자 B는 미국 수출업자가 자신에게 수출한 물품의 대금을 전액 일시불로 지급하고 수입하였다. 이때 한국의 수입업자 B는 수입물품의 수입가격을 실제거래가격에 의하여 한국의 세관에 수입신고 하여 통관하였다. 이 경우 수입가격이란 실제거래가격으로 결정하여야 하는데 수입과 관련하여 발생한 비용은 아래와 같다고 하자. 과세가격을 결정하기 위한 제1방법인 거래가격을 기초로 한 관세평가를 고려하면 실제과세가격이 얼마인지를 계산하시오.

1. 미국의 반도체 제조장비 수출업자는 한국의 수입자와는 특수관계에 있지 않다. 미국의 수출자가 한국의 국내수입자에게 판매하여 국내수입된 수입물품의 가격은 제조장비 1대당 1만달러로 합의하고 계약서를 작성하였다.
2. 상기 수입물품의 수입을 위해 한국의 수입업자 B는 본 거래를 알선한 중개수수료로서 1대당 100달러를 중개인에게 지급하였다.
3. 반도체 제조장비는 운송도중 파손되기 쉬운 상품으로 특수포장을 위해 미국의 반도체장비 전문포장업체에 주문하여 대당 100달러를 지급하고 포장을 하였다.
4. 미국에서 한국으로 판매하는 상기 반도체 장비는 한국의 제조공정에 맞추어야 하는 이유로 인해 미국에서 상기 제품의 생산 시 특수생산을 위해 한국의 수입업자 B는 특수금형제작비를 미국의 수출업자에게 대당 1,000달러의 생산지원을 하였다.

5. 상기 반도체 제조장비는 새로 개발된 특수장비로 본 거래에 대해 1,000 달러의 로열티를 지급하기로 합의하였다.
6. 미국의 수출업자는 상기 상품을 한국의 수입업자에게 FOB조건으로 수출 계약하였으며 한국의 운송업자는 본 수입상품을 국내로 수입하는 운송비용을 수입자에게 1,000달러를 청구하였다.
7. 한국의 수입업자는 안전한 거래를 위해 상기 수입물품에 대해 해상보험료를 200달러를 지급하는 조건으로 보험계약을 체결하고 보혐료를 지급하였다.
8. 한국의 수입업자는 미국의 해당 반도체장비 수출업체와의 유리한 가격협상을 위하여 미국내 반도체 전문가에게 자문을 받아 성능 대비 가격의 조건을 파악하는 비용으로 500달러를 지출하였다.

1. 서론

WTO 관세평가협정 제1조 제1항은 “수입물품의 과세가격은 거래가격, 즉 수입국에 수출판매되는 상품에 대하여 실제로 지불하였거나 지불하여야 할 가격을 제8조의 규정에 따라 조정한 가격이며 수입물품의 처분 및 사용상의 제한이 없을 것을 조건을 충족하여야 한다”라고 규정하고 있다. 우리나라 관세법 제30조 제1항에서 “수입물품의 과세가격은 우리나라에 수출하기 위하여 판매되는 물품에 대하여 구매자가 실제로 지불하였거나 지불하여야 할 가격에 다음 각 호의 금액을 가산하여 조정한 거래가격으로 한다”라고 규정함으로써 관세평가협정과 같은 취지로 규정하고 있다. 따라서 과세가격을 결정하는 데 있어서 최초의 그리고 가장 원칙적인 평가방법은 평가대상이 되고 있는 당해 수입물품에 대한 거래조건의 하나로 거래당사자가 계약과정에서 합의한 구매자가 판매자에게 실제로 지불하였거나 지불하여 할 가격, 즉 실제로 이루어진 거래에서 가격을 평가하는 일이다. 동시에 이러한 실제거래가격은 거래계약서나 송품장 등에 표시되어 있는 외형상의 가격이나 명목상의 가격이 아니라 수입국에 대하여 수출판매된 시점에서 구매자가 판매자에게 실제로 지불하였거나 지불하여야 할 가격이면서, 아울러 협정 제8조(수입가격에 대한 가산요소)에 규정된 바에 따라 조정된 가격이어야 한다.

수입물품에 대한 관세평가를 함에 있어 일단 당해 물품이 실제 이루어진 거래에서의 판매대상물품으로서 수입국으로 수출판매된 물품이라는 것이 확인되면 다음 단계로 수입자가 신고한 당해 거래가격이 평가협정 제1조의 실제로 지불하였거나 지불하여 할 가격에 해당되는지 여부를 살펴보아야 한다. 실제로 지불하였거나 지불하여야 할 가격이란 한마디로 구매자가 수입물품의 대가로 판매자에게 실제로 지불한 화폐적 가치에 해당하는 것을 말한다. 즉, 수입물품에 대한 대가로서 구매자가 판매자에게 직접 지불하거나 또는 판매자의 이익을 위하여 지불하는 지불금액 전체를 말한다. "판매자의 이익을 위하여"라 함은 방법과 절차의 구분 없이 결과적으로 판매자에게 도움이 되는 경우를 의미한다. 이와 같은 결과적 도움의 형성을 위한 계약당사자 간의 약정이 전제되어야 함은 당연하다. 이에 대하여 평가협정 제1조에 대한 해설서에서는 "실제 지불가격이란 수입물품에 대한 대가로 구매자가 판매자에게 지급하였거나 지급하여야 할 총금액을 말한다"(우리나라 관세법 제30조 제2항과 동일).

그런데 실제지급가격에 가산할 비용으로는 다음의 6가지를 정하고 있다(관세법 제30조 제1항). 첫째, 수수료 및 중개료(여기서 구매수수료는 제외한다), 둘째 용기비용 및 포장소요비용, 셋째 생산지원물품 및 용역의 가격 또는 인하차액, 넷째 권리사용료(royalty), 다섯째 사후귀속이익, 여섯째 운임 및 보험료를 규정하고 있다.

2. 제1방법을 적용하기 위한 수출판매 거래요건 여부의 검토

거래가격을 과세가격으로 하는 제1방법을 적용하기 위해서는 당해 수입물품이 국제무역시장에서 거래된 물품이어야 한다. 거래된 물품이어야 거래가격이 존재하기 때문이다. 우리나라 관세법에서는 "우리나라에 수출하기 위하여 판매되는" 또는 협정의 "수입국에 수출하기 위하여 판매된" 등에서의 판매는 바로 당해 수입물품이 거래된 물품임을 의미한다. 즉, 거래가격을 과세가격으로 하기 위해서는 당해 수입물품이 판매된 물품이어야 한다는 것이다.

한편 관세법 제30조 제1항에서 "우리나라에 수출하기 위한 판매"라고 할 때의 "수출하기 위한"이라는 말은 우리나라에 수입된 어떤 물품을 판매자가 특히 우리나라에 수출할 목적으로 판매하다는 뜻이다. 따라서 어떤 물품이 판매된 것이기만 하다면 그 물품이 관세평가의 대상이 되어 있다는 사실 자체로 그 판매는 우리나라에 수출하기 위한 판매라고 할 수 있다. 우리나라에 수입된 물품은 어느 나라에서인가로부터 수출된 것이 분명하므로 수출 자체가 있었는지 여부를 따질 필요는 없을 것이다. 제1방법을 적용하기 위해서는 그 수출을 목적으로 한 판매가 과연 있었는지 또는 우리나라에 수입되기 전에 다수의 판매가 있었다면 그 중 어느 판매가 수출을 목적으로 한 것인지가 확인되어야 한다는 것이다. 이 같은 확인이 필요한 이유는 특정 수입물품의 과세가격의 기초가 되는 실제지급가격은 구매자가 우리나라에 수출하기 위하여 판매된 물품에 대하여 지급한 것이기 때문이다. 따라서 특정 수입물품이 우리나라에 수출되기까지 수차례 판매가 있었다면 그 판매들 중 특히 우리나라에 수출하기 위한 판매에서의 가격이 바로 실제지급가격이 되는 것이라 할 수 있다.

본 문제에서는 미국의 반도체 제조장비 수출업자가 우리나라에 수출판매하기 위한 경우이므로 이때 판매자는 미국 수출업자 A이고 구매자는 한국의 수입업자 B라고 할 수 있다. 미국 수출업자가 수출하는 반도체 제조장비의 가격은 10,000달러이다.

3. 수입물품 수입에 직접지급된 가격의 산정

과세가격결정 원칙인 이른바 제1방법으로 결정한 과세가격인 거래가격은 당해 물품에 대하여 구매자가 실제로 지급하였거나 지급할 가격에 기초하여 정해진다. 이때의 실제로 지급하였거나 지급할 자격이란 구매자가 판매자에게 이미 지급하였거나 향후 지급할 수입물품의 대가를 말한다. 일반적으로 송품장 · 신용장 등의 무역서류에 나타나는 당해 수입물품의 가격과 같다. 그러나 만약 송품장 등에 표시된 가격에 상당하는 금액 외에 다른 형식이나 항목으로 지급하는 당해 물품의 대가가 더 있다면 이 금액도 포함된 총금액이 실제로 지급하였거나 지급할 가격이 된다. 다만 구매자가 지급하는 총금액에 수입물품이 우리나라에 도착한 이후에 발생하는 비용이나 연불수입에 다른 이자비용 등이 포함되어 있는 경우에는 이들 비용은 공제하고 남은 금액을 말한다.

실제지급가격에는 아직 지급되지 않았지만 앞으로 지급할 가격도 포함된다. 따라서 "실제로"라는 말이 실제로 지급된 가격, 즉 구매자가 대금을 지불함으로써 계약을 이행한 경우의 가격만을 지칭하는 것이 아니다. 이때의 실제로 국제무역시장에서 거래된 가격, 즉 실증적인 가격이라는 것이다. 실제지급가격이란 평가대상인 당해 수입물품의 가격을 말하고 가격이란 곧 그 물품의 대가를 화폐가치로 표시한 것이므로 비록 구매자가 판매자에게 지급하는 것이라 할지라도 배당금 등과 같이 당해 수입물품과 관련되지 않는 지급은 제외된다. 반대로 당해 수입물품의 판매조건으로 지급되는 경우는 모두 실제지급가격의 일부가 된다.

본 사례에서는 한국의 수입업자가 지급한 이자비용 등에 관한 요소 등과 같이 송품장 등에 표시된 가격에 상당하는 금액 외에 다른 형식이나 항목으로 지급하는 당해 물품의 대가가 더 없기 때문에 송품장 · 신용장 등의 무역서류에 나타나는 당해 수입물품의 가격이 직접 지급된 가격이라 할 수 있다.

4. 수입물품 수입에 간접지급된 가격의 산정

수입물품의 대가를 반드시 대가지급의 형식으로 판매자에게 직접 지급하여야 하는 것이 아님은 일반상거래의 경우에서와 다르지 않다. 이 같이 물품의 대가 중 일부를 판매자가 아닌 자에게 지급하거나, 물품의 대가가 아닌 다른 명목으로 지급하는 금액이 있다면 이 간접지급금액도 당해 물품의 실제지급가격에 포함된다. 따라서 실제지급가격은 송품장 등에 표시된 가격에 간접지급금액을 더하여 계산되어야 한다. 관세법에서 당해 수입물품의 대가로서 구매자가 판매자에게 지급하였거나 지급할 총금액으로 규정하고 있고 이를 평가협정에서는 구매자가 당해 수입물품에 대하여 판매자에게 판매자의 이익을 위하여 지급하였거나 지급할 총금액으로 정의하고 있다.

간접지급에는 구매자가 당해 수입물품의 대가와 판매자의 채무를 상계하는 금액, 구매자가 판매자의 채무를 변제하는 금액(관세법 제30조 제2항) 외에 다음의 금액도 포함된다(관세법시행령 제20조 제6항). 이를 살펴보면, 첫째 판매자의 요청에 의하여 수입물품의 대가 중 전부 또는 일부를 제3자에게 지급하는 경우 그 지급금액, 둘째 구매자가 당해 수입물품의 거래조건으로 판매자 또는 제3자가 수행하여야 하는 하자보증을 대신하고 그에 해당하는 금액을 할인받았거나 하자보증비 중 전부 또는 일부를 별도로 지급하는 경우 해당금액, 셋째 수입물품의 거래조건으로 구매자가 지급하는 외국훈련비 또는 외국교육비, 넷째 기타 일반적으로 판매자가 부담하는 금융비용 등을 구매자가 지급하는 경우 그 지급금액 등을 들 수 있다.

본 사례에서는 한국의 수입업자가 채무상계 및 간접할인, 하자비용을 별도로 지급하지 않고 훈련에 관련된 비용도 지불하지 않기 때문에 송품장가격 외에 특별한 간접지급비용은 계산되지 않는다.

5. 수입물품의 과세가격에 대한 가산요소 산정

수입물품의 과세가격은 당해 물품에 대하여 실제로 지급하였거나 지급하여야 할 가격에 다음에서 설명하는 비용을 가산하여 조정한 거래가격으로 산정될 수 있다. 이때 실제지급가격에 가산할 비용은 반드시 다음의 5가지에 한정되어야 하고 또한 각 비용의 가산은 객관적이고 수량화할 수 있는 자료가 없는 경우에는 정확한 거래가격을 결정할 수 없으므로 제1방법을 적용할 수 없다(관세법 제30조 제1항).

1) 수수료 및 중개료

수수료 및 중개료는 매매계약 체결과정에 참여하여 계약을 성사시키는데 기여한 중간역할자의 활동의 대가로 지급하는 비용이다. 구매자가 부담하는 수수료와 중개료(구매수수료 제외)로서 당해 수입물품의 실제지급가격에 포함되지 않은 것은 실제지급가격에 가산하여야 한다. 수수료와 중개료는 중간역할자의 역할에 따라 다음의 3가지로 나눌 수 있다.

(1) 판매대리인 및 판매수수료

판매대리인은 판매자를 위하여 고객을 물색하고 주문을 수집하는 한편, 경우에 따라 물품의 보관과 운반을 알선하는 등의 서비스를 제공한다. 판매대리인은 이러한 서비스에 대한 대가로 통상 물품가격의 몇%에 해당하는 판매수수료를 받는다.

(2) 구매대리인 및 구매수수료

구매대리인은 해외에서 구매자를 대리하여 당해 물품의 구매를 위한 공급자 물색, 견본수집, 보험 · 운송 · 보관 등 주선, 물품검사 등의 서비스를 제공하고 그 대가로 구매수수료를 받는다. 이러한 구매수수료는 당해 수입물품의 과세가격에 포함되지 않는다.

(3) 중개인 및 중개료

중개인은 구매자와 판매자의 가운데서 양자 간의 거래를 알선하는 서비스를 제공하고 그 대가로 물품가격의 일정 율에 상당하는 중개료를 받는다. 중개수수료도 판매자가 지급하는 금액은 물품가격에 이미 전가되어 있는 경우 별도로 가산할 필요가 없다. 다만, 중개료의 전부 또는 일부를 구매자가 물품대가와 별도로 지급하는 경우에 한하여 그 금액은 실제지급가격에 가산하게 된다.

본 사례에서 지급된 중개수수료는 1대당 $100×10대=$1,000로서 이를 과세가격에 가산해야 한다.

2) 용기 및 포장비용

관세행정 목적상 당해 수입물품의 동일체로 취급되는 용기의 비용과 당해 물품의 포장에 소요되는 노무비 및 자재비로서 구매자가 부담하는 비용은 실제지급가격에 가산하여야 한다. 포장에 소요되는 노무비 및 자재비의 경우 일반적으로 수입물품은 운송 및 보관상의 필요로 인하여 포장을 하게 되고 이 포장비용은 내용물인 당해 물품의 가격에 포함되어 구매자가 부담하게 된다. 따라서 통상의 포장비용은 당해 수입물품에 대한 실제지급가격의 일부로서 과세가격을 구성하게 된다. 특별히 고가의 첨단기기를 주문제작하여 수입하는 국내 수입자가 직접 포장전문업체를 물색하여 자신이 원하는 포장을 하게 한다면 그 소요비용은 구매자가 포장업체에 지급하게 된다. 이와 같이 포장비용을 구매자가 물품의 대가와 별도로 지불하는 경우 그 비용은 가산비용으로서 거래가격을 구성하는 방법으로 과세가격에 포함시켜야 한다. 본 사례에서는 $100×10대=$1,000가 과세가격에 추가된다.

3) 생산지원비

구매자가 당해 물품의 생산 및 수출거래를 위하여 무료 또는 인하된 가격으로 직접 또는 간접으로 특정의 물품 및 용역을 공급하는 때에는 그 가격 또는 인하차액을 당해 수입물품의 실제지급가격에 가산하여야 한다. 그런데 생산지원비가 과세가격에 가산되기 위한 요건으로서는, 첫째 수입물품이 실제지급가격에 생산지원에 해당하는 금액이 포함되어있지 않아야 하고, 둘째 구매자로부터 물품 또는 용역이 공급되어야 한다. 이는 구매자가 구체적인 물품, 즉 수입물품의 재료, 생산공구, 생산공정상의 소모품 등과 같은 물품이나 기술 및 설계의 등의 용역을 실제로 제공하는 것을 의미한다. 셋째, 제공되는 물품과 용역은 수입물품에 결합되거나 수입물품의 생산과정에 직접 사용 · 소비되는 것이어야 한다. 본 사례에서는 특수금형비 $1,000×10대=$10,000가 과세가격에 포함된다.

4) 권리사용료

관세법 제30조 제1항 제4호에서는 과세가격인 거래가격에 가산하여야 할 비용 중의 하나로 특허권, 실용신안권, 의장권(디자인권), 상표권 및 이와 유사한 권리를 사용하는 대가로 지급하는 권리사용료를 규정하고 있다. 여기서 "당해 물품에 관련되고 당해 물품의 거래조건으로 지급되는 권리사용료에 한하여 수입물품의 과세가격의 일부가 된다"라고 규정하고 있다(관세법시행령 제19조 제2항). 여기서 중요한 권리사용료에 대한 문제는 구매자가 당해 수입물품의 가격 외에 별도로 지급하는 권리사용료가 당해 수입물품의 과세가격에 포함되어 있지 않아야 한다. 상기 사례에서는 권리사용료 $1,000가 과세가격에 포함된다.

5) 운임 및 보험료

당해 수입물품을 우리나라의 수입항까지 운송하는 데 소요된 운임치 보험료 기타 운송관련비용은 실제지급가격에 가산하여야 한다. 우리나라는 관세법에 정상도착가격 개념을 도입한 이래 일관되게 운임과 보험료를 수입물품의 과세가격에 포함시켜 왔다. 그러나 평가협정에서는 운임 및 보험료를 비롯하여 양하비 · 적하비 등의 운송관련비용의 전부 또는 일부를 과세가격에 포함시킬 것인지의 여부를 각국의 선택에 일임하고 있다. 본 사례에서는 운송비 및 보험료에 대한 비용 $1,000와 $200를 과세가격에 가산하여야 한다.

6. 과세가격의 산정

본 거래에 대한 내용을 평가협정의 규정과 관세법 및 시행령에 관련된 규정을 종합적으로 검토해볼 때 과세가격의 기초가 되는 과세가격을 다음과 같이 계산해볼 수 있다.

우선 수입물품의 물품가격은 1대당 $10,000×10대=$100,000에 다음의 가산요소들이 가산된다. 첫째, 한국의 수입자가 지불한 중개수수료는 1대당 $100×10대=$1,000를 가산해야 한다. 둘째, 한국의 수입업자가 전문포장업체에 주문하여 지불한 포장비 $100×10대=$1,000를 가산한다. 셋째, 한국의 수입자가 특수금형비 명목으로 지불한 생산지원비는 $1,000×10대=$10,000를 가산해야 한다. 넷째, 본 거래 전체에 지불된 로열티는 $1,000 가산요소이다. 다섯째, 운송비 $1,000와 보험료 $200가 과세가격에 가산되어야 한다. 마지막으로 수입물품의 구매를 위한 자문비용 $500도 과세가격에 합산하여야 한다.

따라서 과세가격은 물품가격 $100,000+중개수수료 $1,000+특수포장비 $1,000+생산지원비 $10,000+로열티 $1,000+운송비 $1,000+보험료 $200+물품구입을 위한 자문비 $500로서 이들 비용 모두를 합산하면 과세가격은 $113,700이다.

〈예제 12〉

실제로 이루어진 거래가격의 요건을 고려한 과세가격의 결정

1. 서론

2. 거래가격의 과세가격 적용요건

1) 당해 물품의 처분 또는 사용에 제한이 없을 것

2) 가격의 결정이 조건 또는 사정에 의하여 영향을 받지 않았을 것

3) 수입 후의 전매 · 처분 · 사용에 따른 수익이 판매자에 귀속하지 않을 것

4) 구매자와 판매자간의 특수 관계가 당해 물품가격에 영향 없을 것

3. 과세가격의 결정

1) 국내 수입액의 계산

2) 조정요소의 고려

3) 본 거래에서의 실제과세가격 산정

한국의 수입업체 A는 레이더를 생산하는 업체로 국내 방위산업제품의 납품을 위해 레이더 핵심부품을 수입하여 완성품을 제조하는 한국의 방위산업제조업체이다. 한국의 레이더 부품수입업자 A는 금번 영국의 무기부품제조업자 B로부터 핵심 무기부품을 수입하고 앞으로의 거래 확대를 기대하고 있다. B는 영국의 무기부품제조업자인 동시에 수출업자로서 전세계에 자회사를 설립하고 무기부품의 수출을 주도하고 있는 다국적 기업이다. 한국의 방산업체 A는 영국의 무기부품생산업자로부터 레이더 부품 100개를 수입하기로 하였다. 본 수입품의 개당 시장가격은 1만달러로 국제시장에서 거래되고 있는 부품이다. 한국의 무기부품 수입업자 A와 영국의 무기부품수출업자와는 특수관계에 있지 아니하다. 한국의 수입업자 A와 영국의 수출업자 B와의 계약조건은 현재 영국의 수출업자 B가 재고부품이 많으므로 현재의 가격은 부품의 재고가 있는 동안만 유지될 수 있다는 가격이라는 점을 거래조건으로 하였다. 한국에는 영국의 수출자 B의 자회사가 없으며 이번의 거래가 처음의 거래이며 향후 대규모 수출을 위해 매우 할인된 가격으로 한국의 A에게 판매를 시도한 것이라 할 수 있다. 한국으로의 성공적 시장진출은 향후 한국시장에서의 영국 수출자의 큰 이익을 기대할 수 있는 거래로서 이러한 이유로 금번의 한국으로의 수출가격 결정은 크게 할인된 가격으로 결정된 것이라 할 수 있다. 영국의 수출자인 제조업자 B는 한국의 레이더제조업자 B에게 물품을 선적한 후 한국의 수입자 B에게 레이더시스템 기계 작동은 매우 고도의 숙련된 기술을 요하므로 판매조건으로 한국에서 영국 수출자 B의 제품을 사용하는 사용자에게 반드시 일정한 훈련을 받은 후 사용할 것을 조건으로 판매하고 있다. 한국의 제조업자 A는 영국 B사 제품을 사용하기 위해서는 영국의 B사가 한국에 지정된 훈련전문기관을 통해서 1개월간 미리 교육을 수료하는 방식으로 진행된다. 한국의 수입자 A의 거래조건은 아래와 같다. 이번 한국 수입업자 A의 수입분에 대하여 과세가격을 결정하기 위한 제반요소를 고려하여 합당한 과세가격을 계산하시오.

1. 영국의 무기부품수출업자 B는 자신의 생산비용보다 30%가 낮은 가격으로 판매하기로 하였다. 이러한 내용을 계약서에 명기하고 수출하였다.
2. 레이더부품 작동을 위한 제반 교육을 위한 교육비는 영국의 수출자가 한국에 파견하여 5회로 나누어 진행하고 총교육비 명목으로 3만달러를 영국의 수출자 B에게 지불한다.
3. 한국의 레이더부품 구매자 A는 구입한 레이더부품을 국제무기협정과 무관하게 자유롭게 재판매 및 임의처분을 제한하는 별도의 특별한 약정이 없다.
4. 당해 물품의 가격이 특정 수량의 다른 물품을 사는 형태의 조건으로 결정되는 것은 없다.
5. 수입물품의 운송을 위해 한국의 수입업자는 1만달러를 지급하였고 이러한 비용 중에는 수출국에서 발생한 수출국에서의 내국운송비 $1,000, 수출국에서의 선적 전 대기보관료 $1,000, 수출국에서의 통관비용 $1,000, 수출국에서의 선적비용 $1,000가 포함된 금액이다.
6. 국내 수입자 B는 매 선적분 수입품 판매로 인해 발생하는 수익 중 일부금액 조로 2만달러를 영국의 수출자 A에게 지급한다.

1. 서론

수입물품의 거래가격을 결정하기 위한 기초는 일정한 조건을 충족해야 하는데 관세평가협정 제1조에서 규정하고 있는 실제거래가격이란 수입국에 대하여 수출판매된 시점에 있어서 구매자가 판매자에게 실제로 지불하였거나 지불하여야 할 가격이면서 협정 제8조(관세법 제30조 제1항)

에 규정된 바에 따라 조정된 가격을 의미한다.

과세가격결정 원칙인 이른바 제1방법으로 결정한 과세가격인 거래가격은 당해 물품에 대하여 구매자가 실제로 지급하였거나 지급할 가격에 기초하여 정해진다. 이때의 실제로 지급하였거나 지급하여야 할 가격이란 구매자가 판매자에게 이미 지급하였거나 향후 지급할 수입물품의 대가를 말한다. 일반적으로 송품장 및 신용장 등의 무역서류에 나타나는 당해 수입물품의 가격과 같다. 그러나 만약 송품장 등에 표시된 가격에 상당하는 금액 외에 다른 형식이나 명목으로 지급하는 당해 물품의 대가가 더 존재한다면 이 금액도 포함된 총금액이 실제로 지급하였거나 지급해야 할 가격이 된다. 다만, 구매자가 지급하는 총금액에 수입물품이 우리나라에 도착한 이후에 발생하는 비용이나 연불수입에 따른 이자비용 등이 포함되어 있는 경우에는 이들 비용은 공제하고 남은 금액을 말한다. 실제지급가격에는 아직 지급되지는 않았지만 앞으로 지급할 가격도 포함된다. 따라서 "실제로"라는 말이 실제로 지급된 가격, 즉 구매자가 대금을 지불함으로써 계약을 이행한 경우의 가격만을 지칭하는 것은 아니다. 이때의 실제로는 정상가격과 같은 관념적인 가격이 아니라 실제로 국제무역시장에서 거래된 가격, 즉 실증적인 가격을 의미하는 것이다. 그런데 과세가격을 결정하는 방법은 우리나라에 수출하기 위하여 판매되는 물품에 대하여 구매자가 수출자에게 실제로 지급하였거나 지급하여야 할 가격에 일정한 비용을 가산하여 조정한 거래가격이라 할지라도 다음에 설명하는 요건을 충족하는 경우에만 과세가격으로 될 수 있음을 우리나라 관세법(제30조 제3항)에서는 명시하고 있다.

신고되는 수입물품의 거래가격이 아무런 문제없이 과세가격으로 인정받기 위해서는, 우선 그 물품이 수입국에 수출판매된 가격이어야 하며, 다음으로 그 물품에 대한 대가로서 구매자가 실제로 지급하였거나 지급하여야 할 그 거래가격에 협정 제8조에서 규정하고 있는 가산요소에 해당하는 비용을 가산하여 조정한 가격이어야 한다. 그러나 여기에 해당하는 거래가격이라 할지라도 언제나 모두 과세가격으로 인정되는 것은 아니다. WTO평가협정 제1조 제1항에서는 구매자와 판매자 간의 거래가격이 과세가격으로 인정받기 위한 4가지의 요건을 규정하고 있으며 우리나라(관세법 제30조 3항)에서도 동일하게 규정하고 있다. 즉, 거래가격 적용배제요건이라고 하는 것들이다. 이들 4가지 요건을 살펴보면, 첫째 구매자가 상품을 처분 또는 사용함에 있어서 제한이 없어야 할 것, 둘째 당해 물품에 대한 거래의 성립 또는 가격의 결정이 금액으로 계산할 수 없는 조건 또는 사정에 의하여 영향을 받지 않았을 것, 셋째 수입 후의 전매 · 처분 사용에 따른 수익의 일부가 판매자에게 귀속되지 아니할 것, 넷째 구매자와 판매자 간의 특수관계가 당해 물품의 가격에 영향을 미치지 않았을 것으로 규정하고 있다.

2. 거래가격의 과세가격 적용요건

1) 당해 물품의 처분 또는 사용에 제한이 없을 것

일단 구매자와 판매자 간에 자유로운 의사에 의해 매매계약이 유효하게 성립되게 되면 구매자에게는 판매자에게 대금을 지급해야 할 의무가 발생하게 되고 판매자에게는 당해 물품을 구매자에게 정상적으로 이전해 주어야 하는 의무가 발생하게 된다. 또한 당해 물품의 소유권을 확보하게 된 구매자로서는 그 물품을 수입하여 언제 어떻게 어떤 방법으로 처분할 것인지에 대하여는 전적으로 스스로의 의사와 판단에 의하여 결정할 수 있는 권한을 갖게 되는 것이 당연하다. 그러나 만약 구매자와 판매자 간의 거래계약조건에 구매자의 이와 같은 재산권을 자유롭게 행사하는 것을 제한하는 별도의 특별한 약정이 있다면 구매자로서는 자신이 소유권을 갖고 있는 물품에 대하여 완전한 의미의 재산권을 확보하지 못한 결과가 되는 것이고, 따라서 이와 같이 불완전한 상태의 재산권을 양도받는 데에는 그에 상당하는 금전적 또는 금전으로 계량가능한 대가의 일부를 판매자가 양보 또는 희생하였을 것이라는 판단이 논리적으로 가능해진다. 결국 이와 같은 구매자에 대하여 가하여지는 사용 또는 처분상의 제한이 문제가 되는 것은 그러한 제한이 수입물품의 가격결정에 영향을 미치게 되기 때문인 것이다. 달리 말하면 그러한 제한이 없었을 경우라면 구매자와 판매자 사이에 달리 합의될 수 있었던 당해 수입물품에 대한 가치가 그 같은 제한이나 조건이 추가로 부여됨으로써 조정 · 왜곡되게 되고 세관에 제시되는 가격인 구매자와 판매자 간의 외형상의 거래가격은 왜곡된 가격이라는 것이다.

그렇다고 해서 당해 상품을 구매자가 사용 · 처분하는 데 있어서 조금이라도 어떤 제한이나 조건이 가해지는 경우에는 예외 없이 당사자 간의 실제가격을 과세가격결정의 기초로 삼아서는 아니 된다는 뜻은 아니다. 외견상 당해 수입물품의 사용 또는 처분에 어떠한 제한이나 부담을 발생시키는 경우라 할지라도 그러한 제한이나 조건이 당사자 간에 합의된 거래가격을 과세가격의 기초로 하는 데 영향을 주지 않는 것이거나, 당사자 간의 의사와는 관계없이 가하여지는 것이라면 그 거래가격을 과세가격으로 채택하는 것을 일방적으로 거부하여서는 아니 된다. 본 문제에서는 당해 물품의 처분 또는 사용에 제한이 없으므로 고려할 필요가 없는 것이다.

2) 가격의 결정이 조건 또는 사정에 의하여 영향을 받지 않았을 것

수입물품에 대한 거래의 성립 또는 가격이 어떤 조건이나 사정에 의해 영향을 받아 결정되었다면 외견상의 거래가격이 존재한다 할지라도 그 거래가격은 왜곡된 것이므로 과세가격으로 채택할 수 없다는 것이다. 이와 같은 조건 또는 사정이라는 것을 예를 들면, 첫째 당해 물품의 가격이 특정 수량의 다른 물품을 사는 조건으로 결정되는 경우, 둘째 당해 물품의 가격이 구매자가 판매자에게 파는 다른 물품의 가격에 따라 결정되는 경우, 셋째 판매자가 반제품을 구매자에게 공급하고 그 완제품의 일정 수량을 받은 경우 등을 들 수 있다(관세법시행령 제22조 제2항).

일반적으로 판매자는 자기 물품을 가능한 한 높은 가격으로 팔고자 하고 구매자는 반대로 되도록 낮은 가격으로 사고자 할 것이므로 거래가 성립된 때의 가격은 이 같은 양자의 희망이 일정한 수준까지 조정된 결과라 할 수 있다. 이 같이 판매자와 구매자 양측의 희망 또는 요구가 조정되어 일정수준의 합의에 도달하기까지 이들 양측은 거래대상물품의 가치나 품질, 거래수량 또는 대가지급의 조건 등은 물론, 관련 시장의 동향 및 향후의 전망, 수요, 공급상황 등 여러 가지 사항을 고려하게 된다. 넓게 보면 이 같은 제반사항은 모두 당해 거래의 성립 또는 당해 물품의 가격을 결정하는 데 직·간접적으로 영향을 미치는 조건 또는 고려사항이라 할 수 있다. 그러나 실제의 거래에서 이 같은 사항에 의하여 거래의 성립 또는 가격이 좌우되거나 영향을 받는 것은 지극히 당연하고 자연스러운 관행이라 할 수 있다.

국제무역에서의 거래의 성립 또는 가격결정 또한 이 같은 일반적인 관행의 산물이라고 할 수 있다. 따라서 이 같은 관행을 통하여 얻어진 거래가격은 통상의 상관행을 잘 반영하는 것이므로 이때의 판매자와 구매자의 가격결정에 영향을 미친 조건이나 사정은 관세평가의 관점에서 아무런 문제가 되지 않는다. 결국 어떤 조건이나 사정이 국제무역상 또는 당해 물품 관련 산업계에서 이미 확립된 일반적 관행에 속하는 것이 아니고 특정한 판매자와 구매자 간에 또는 특정한 거래에서만 나타난 것이어서 그로 인하여 거래가격이 거래의 실체를 반영할 수 없는 경우에만 문제가 된다. 또한 그 조건 또는 사정이란 막연히 외부로부터 주어진 환경이나 시장조건을 뜻하는 것이 아니라 당해 거래의 성립 또는 가격의 결정을 위하여 구매자나 판매자가 수행해야 할 구체적인 활동을 뜻한다. 뿐만 아니라 어떤 조건 · 사정이 일반적인 상관행에 속하는 것이 아닌 경우라 할지라도 그것이 금액으로 계산될 수 있는 경우에는 그 금액을 물품의 가격에 더하여 실제지급가격을 확정할 수 있으므로 이 경우도 역시 거래가격을 과세가격으로 하는, 다시 말하면 과세가격의 적용에 있어서 제1방법을 적용하여도 아무런 문제가 되지 않는다.

본 문제에서는 훈련이라는 조건에 의한 거래라 할지라도 그 조건에 의한 내용, 즉 훈련비용은 계산된 금액으로 나타나 있어서 이 금액을 과세가격에 추가할 수 있고 매 선적분 10개 단위구매당 $2,000를 지급하게 되므로 이 금액은 과세가격에 포함될 수 있을 것이다.

3) 수입 후의 전매 · 처분 · 사용에 따른 수익이 판매자에 귀속하지 않을 것

당해 물품을 수입하여 전매 · 처분 또는 사용 후에 얻어진 수익 중 직 · 간접으로 판매자에게 되돌려지는 부분이 있는 경우 그 거래가격은 과세가격으로 채택할 수 없다. 전매 · 처분 또는 사용에 따른 수익이라 함은 당해 수입물품을 직접 대상으로 하는 판매대금, 임대료, 사용료 등을 말한다. 그러나 당해 물품을 국내기업에 현물출자하고 그 과실로서 받는 주식배당금은 포함되지 않는다. 다만 이 같이 판매자에게 귀속되는 수익이 있는 경우의 거래가격을 과세가격으로 채택할 수 없다고 하는 것은 당해 물품의 수입 후의 처분 등에 따른 수익 중 일부를 판매자에게 되돌려준다는 조건으로 물품의 가격이 왜곡될 수 있다는 것 때문이므로 그 판매자에게 귀속된 수익을 금액으로 산출하여 실제지급가격에 가산조정할 수 있다면 그 조정된 거래가격은 과세가격으로 채택할 수 있다.

본 문제에서는 전매 · 처분 또는 사용 후에 얻어진 수익 중 직 · 간접으로 판매자에게 되돌려지는 부분이 매 선적분 판매수익 중 $2,000는 수입가격에 포함시켜야 한다.

4) 구매자와 판매자 간의 특수관계가 당해 물품가격에 영향 없을 것

구매자와 판매자가 특수관계에 있는 경우 양자 간에 결정된 거래가격을 과세가격으로 채택하기 어려운 것은 이때의 표면상 거래가격은 본래 구조상 왜곡된 것일 수 있는 높은 가능성 때문이라 할 수 있다. 예를 들면, 모회사인 판매자가 자회사에게 물품을 수출하고 그 대가의 일부를 다른 거래에서의 채무와 상계하는 등과 같은 회계처리가 독립된 판매자와 구매자 간의 거래에서보다 훨씬 손쉽게 일어날 수 있기 때문이다. 따라서 특수관계가 가격에 영향을 미친 경우에는 제1방법의 적용을 배제할 수 있다. 그렇지만 특수관계와 특수관계로 인한 가격영향이 매우 복잡한 사안이므로 관세법에서는 특수관계의 범위와 특수관계의 가격 영향 문제를 매우 구체적으로 규정하고 있다.

구매자와 판매자 간에 특수관계가 있으면 언제나 가격왜곡이 나타난다고 할 수 없다. 따라서 다음의 경우와 같이 그 특수관계가 가격결정에 영향을 미치지 않았거나 영향을 미치지 않았음을 인정할 수 있는 경우에는 특수관계자 간의 거래가격이라 할지라도 제1방법을 적용하는 데는 문제가 될 것이 없다고 할 수 있다. 첫째, 특수관계가 없는 자 간의 통상적인 가격결정방법으로 가격이 결정되는 경우, 둘째 당해 산업부문의 정상적인 가격결정 관행에 부합되는 방법으로 가격이 결정되는 경우, 셋째 비교가격에 접근하는 가격임을 입증하는 경우로 규정하고 있다(관세법시행령 제23조 2항의 1,2,3).

본 문제에서는 미국의 수출자 A와 한국의 수입자 B 간의 특수관계가 존재하지만 양자 간에 거래되는 가격은 특수관계가 없는 자 간의 통상적인 가격결정방법으로 가격이 결정되었으므로 정상적인 가격이라 할 수 있다.

3. 과세가격의 결정

본 거래에 대한 내용을 평가협정의 규정과 관세법 및 시행령에 관련된 규정을 종합적으로 검토해볼 때 다음과 같이 과세가격을 계산해볼 수 있다.

1) 국내 수입액의 계산

본 문제의 경우 영국의 수출자 B가 한국의 수입자 A에게 판매한 가격을 계산해야 한다. 실제 수출을 위해 수입자 A와 수출자 B 사이에 동의된 것이 판매가격이라 할 수 있다. 관세평가 권고의견 2.1에서 생산비용보다 낮은 가격으로 수출하기 위하여 판매된 물품에 대한 평가처리 문제를 예시하고 있는데 권고의견 2.1에서는 단지 가격이 동일물품에 대하여 널리 알려진 시장가격보다 낮다는 것이 평가협정 제1조에 의한 거래가격을 배제할 충분한 근거가 아니라고 결론짓고 있으므로 할인된 가격이 실제거래가격으로 인정할 수 있다. 따라서 한국의 수입업자 A가 수입한 상품가격은 개당 $1만, 100개를 수입함에 있어 30%로 할인된 가격으로 수입하였으므로 수입가격은 $70만($1만×100×0.7=$70만)이며 이 금액이 수입가격이 된다. 또한 영국의 수출자 B와 한국의 수입자 A 간에 특수관계가 없는 구매자와 판매자 간 통상의 가격과 동일한 가격이므로 실제거래가격으로 인정될 수 있다.

2) 조정요소의 고려

한편 본 거래가 레이더 수입부품의 무기제조 공정으로의 원활한 투입을 위해 사용자가 반드시 훈련을 받아야 한다는 조건부로 수입하였지만 이러한 조건이 계산될 수 있는 조건이므로 수입물품의 레이더 장치투입에 대한 훈련비용 $30,000를 수입가격에 포함되는 조정요소로 계산할 수 있다. 또한 한국의 수입자 A가 수입된 레이더 부품을 사용하여 완제품 레이더 판매로부터 얻는 이익 중 $20,000를 영국의 수출자 B에게 지급하고 있으므로 이 금액은 수입하여 전매 · 처분 또는 사용 후에 얻어진 수익 중 직 · 간접으로 판매자에게 되돌려지는 금액에 해당되므로 이를 과세가격에 포함시켜야 한다.

한편 우리나라 관세법 제30조 제2항 제2호에서는 수입항에 도착하기 이전에 수출국에서 발생한 수출국에서의 내국운송비용, 수출국에서의 선적 전 대기보관료, 수출국에서의 통관비용 및 수출국에서의 선적비용 등 총운송비용 $1만는 과세가격에 가산되어야 함을 규정하고 있다.

따라서 과세가격에 포함되는 조정요소는 $60,000(훈련비용 $30,000+사후 이익귀속분 $20,000+운송비용 $10,000=$60,000)이다.

3) 본 거래에서의 실제과세가격 산정

제1방법 적용 시 과세가격은 수입가격 $700,000+조정요소 $60,000(훈련비용 $30,000+사후이익 귀속분 $20,000+운송비용 $10,000)=$760,000로 계산된다.

〈예제 13〉

거래가격의 조정을 통한 과세가격 결정

1. 서론

2. 거래가격조정의 고려사항

1) 조정고려사항의 성격

2) 조정요소의 범위

3. 수입물품 구입에 직접지급된 가격

4. 수입물품의 과세가격에 대한 가산요소 산정

1) 통상의 국내운임 · 보험료 및 기타 운송관련비용의 가산

2) 사후귀속이익의 가산

3) 기타 조정요소

5. 과세가격의 결정

1) 거래가격(TP)

2) 재판매순이익(p)

3) 재판매순이익(p)을 고려한 실제거래가격

한국의 수입자 A는 특수관계가 없는 미국의 수출자 B로부터 쇠고기 1차선적분을 톤당 FOB가격 톤당 $100로 1,000톤 수입하였다. 계약조건에 의해 한국의 수입자 A는 물품가격 외에 수입항까지의 모든 운송관련 비용 및 보험료, 관세 및 내국세를 지급하였고 또한 수입국에서 미국 쇠고기를 재판매함에 따라 얻어진 순이익의 20%를 미국의 수출자 B에게 송금하였다. 아래의 조건하에서 과세가격을 결정하기 위한 거래가격을 조정하면 실제과세가격이 얼마인지를 계산하시오.

1. 한국의 수입자 A와 미국의 수출자 B와의 계약서에는 재판매가격은 명기하지 않았고 다만 순이익은 모든 재판매가격에서 판매를 위한 모든 직접비용은 공제하거나 경영상의 간접비는 공제하지 않는 것으로 결정된다고 규정하였다.
2. 본 쇠고기 수입 시에 한국의 수입자 A는 미국의 쇠고기 수출자 B와 쇠고기의 일정량을 국내도매상 C에게 일정가격으로 판매하는 계약을 맺었다. 이와 동시 수입된 쇠고기의 국내판매의 원활화를 위해 한국의 수입자 A는 쇠고기를 작은 단위로 자르고 포장하여 쇠고기 연쇄판매점 D에게도 도매가 높은 고가에 판매하기로 합의하였다. 이때 연쇄점 판매를 위한 절단비와 포장비는 $1,000 지출되었다.
3. 미국의 수출지에서 한국의 수입항까지의 운임 및 보험료는 $10,000로 계약하였다.
4. 관세 및 수입부담금은 과세가격의 10%이다.
5. 국내운송비는 $2,000 소요되었으며 국내판매를 위한 판매비용은 $5,000, 또한 국내 연쇄판매점에 공급하기 위한 쇠고기 포장비는 $500 지급되었다.
6. 한국의 수입자 A가 국내도매상에 재판매한 가격은 톤당 $200로 500톤 판매하였다. 또한 국내 연쇄점에 판매한 것은 톤당 $300로 500톤 판매

하였다.

7. 한국의 수입업자가 쇠고기를 국내 재판매한 결과 이들 거래로부터 발생한 재판매 순이익은 도매 및 연쇄점판매 모두로부터 발생한 이익의 합산 금액이다.
8. 수입품을 한국 내 판매 시의 거래는 상대방인 구매자와 특수관계에 있지 않다.
9. 기존 년도와는 다르게 당해 연도에는 미국의 수출업자 B는 자신의 국외 자회사에 공급하는 저렴한 가격으로 한국의 수입업자에게 제공하였다. 이러한 이유 때문에 한국의 수입업자 A는 미국의 수출업자 B로부터 당해 연도에 구입한 쇠고기 수입분에 대해 연간 송품장 금액의 5%를 추가로 미국의 쇠고기 수입업자에게 지급하기로 상호 합의하였다.
10. 수입국인 한국에서는 CIF조건을 기초로 평가협정을 적용한다.

1. 서론

수입물품의 과세가격은 당해 물품을 이전받는 대가로 구매자가 판매자에게 실제로 지불하였거나 지불하여야 할 가격을 협정 제8조의 규정에 따라 추가해야 할 사항들을 가산하여 조정한 가격이어야 한다. 국제무역의 거래현장에서 이루어지는 수출판매의 형태는 매우 다양하고 계약조건의 내용도 각양각색이기 때문에 수출판매 협상의 결과로 구매자와 판매자 간에 합의된 가격은 동일한 물품이라 할지라도 각각의 제약이 구성요소나 내용 면에서 동일하게 이루어질 수는 없다. 예를 들면, 어떤 거래에서는 구매자와 판매자가 직접 협상을 진행하여 계약이 체결되었고, 또 다른 거래에서는 판매자가 직접 협상에 나서지 않고 판매대리인을 통하여 구매자와의 수출판매계약이 이루어졌다면 전자의 경우에 비하여 후자의 경우에는 판매대리인에 대한 보수가 추가로 소요되게 된다. 그런데 이러한 판매대리인에 대한 보수를 판매자가 지급하게 된다면 그 비용은 물품가격에 전가되어 수출판매계약에 따른 거래가격의 일부로 계약이 이루어지게 되겠지만, 만약 판매대리인의 활동이 수입국 내에서 이루어지기 때문에 편의상 구매자가 이를 부담하는 조건으로 매매계약이 체결되었다면 이때의 거래가격에는 판매대리인에 대한 보수가 포함되지 않은 가격으로, 즉 판매자가 부담할 때에 비하여 그만큼 낮은 가격으로 계약이 이루어지게 될 것이다.

이와 같이 계약상 가격지급조건을 달리 함에 따라 외형상 나타나게 되는 가격이 얼마든지 달라질 수 있는데도 불구하고 당사자 간의 거래가격을 존중한다는 취지에서 과세당국이 무조건 외형상의 거래가격을 수용하여 버린다면 수입물품에 대하여 부담하여야 하는 관세 등의 부담 규모도 달라질 수밖에 없을 것이다. 이는 결과적으로 동일하지 않은 것을 동등하게 취급함으로써 공정하고 공평하게 법과 행정을 집행해야 할 정부가 오히려 불평등과 불균형을 야기하는 결과가 되고 나아가서는 공정하게 이루어져야 하는 시장에서의 경쟁을 오히려 불공정하게 유도하는 것이 된다. 따라서 시장에 대한 정부의 개입과 간섭은 최소화하되 자유로운 시장의 기능을 저해하지 않는 선에서 이들 가격에 대한 어느 정도의 조정을 해줌으로써 자유로운 경쟁과 공정한 경쟁이 서로 균형을 이룰 수 있도록 할 필요가 있다.

따라서 통상적인 국제무역의 관례에 비추어 일정한 요소들에 대하여는 이것들이 거래가격결정의 요소로 기능하고 있음에도 불구하고 구매자가 판매자에게 실제로 지급하거나 지급하여야 할 가격에 포함되어 있지 않았다면 이를 포함시키도록 하는 조치가 필요한 것이다.

그렇다면 어떠한 요소에 해당하는 비용을 포함시키고 어떠한 요소에 해당하는 비용은 포함시키지 않을 것인가의 문제가 제기된다. 실제로 국제적으로 거래되는 대상물품도 엄청나게 다양하고 이들 물품의 수출판매 가격을 구성하는 요소도 헤아릴 수 없을 만큼 많으며, 계약조건의 책정방법도 각양각색이기 때문에 이러한 요소들을 모두 검토하는 것은 사실상 불가능에 가까운 일이다. 또한 어떤 것을 포함시키고 어떤 것을 제외시킬 것인가 하는 문제는 도덕적이거나 자연법상의 당위성의 문제가 아니라 국제무역의 관행과 관습을 고려하고 각국 정부 간의 협상과 타협에 의해 결정하여야 하는 정책적 결정사항이자 타협의 산물이라 할 수 있다. 관세평가협정 제8조에 규정된 가산요소들은 바로 이와 같은 차원에서 관세평가협의의 제정 과정에서 협정당사국들이 상호 협의하여 거래가격에 가산하도록 결정한 필요 최소한의 요소들이라 할 수 있다. 우리나라 관세법의 제30조 제1항에서 이들 가산요소들에 대하여 열거하고 있다.

2. 거래가격조정의 고려사항

1) 조정고려사항의 성격

실제 지불하였거나 지불하여야 할 가격에 협정 제8조에 규정한 요소들의 비용을 가산함에 있어서는 이들 비용은 객관적이고 계량화할 수 있는 자료에 근거하여 산정되어야 한다. 만약 제8조에 규정된 요소들을 금액으로 산정하기 위한 객관적이고 계량화할 수 있는 자료가 없는 경우에는 거래가격은 협정 제1조에 규정된 방법에 의해서 결정할 수 없고 제2조 이하의 다른 방법에 의하여 결정하여야 한다. 통상 객관적이라 함은 그것을 주장하는 본인뿐만 아니라 제3자의 입장과 처지에서도 인식과 생각을 공유할 수 있는 상태를 말한다. 따라서 객관적인 자료라 함은 산정의 기초가 되는 자료가 그 자료를 작성한 본인뿐만 아니라 다른 제3자의 입장에서도 인식과 이해를 같이 할 수 있는 방법으로 작성된 자료 등 국가나 사회 일반적으로 인정되는 방법으로 작성된 자료 등이 여기에 해당된다. 반면에 체계화되지 않은 개인적 경험에 기초한 단순한 판단이나 제3자에 대하여 설득력을 갖지 못하는 자신만의 논리에 의존하여 작성된 자료 또는 명확한 근거 없이 단순한 추정에 기초한 자료들은 객관적인 자료라고 인정받을 수 없는 것이다. 또한 계량화할 수 있는 자료라 함은 내용을 구성하고 있는 개별요소에 관련된 가치를 숫자화하여 금액으로 환산처리할 수 있는 자료를 말한다.

2) 조정요소의 범위

과세가격을 결정함에 있어 거래당사자 간에 약정된 거래가격의 구성요소로서 구매자가 판매자에게 지불하였거나 지불하여야 할 가격에 가산하여 조정할 수 있는 요소는 반드시 협정 제8조에 규정되어 있는 요소들의 비용에 국한되어야만 한다(평가협정 제8조 제4항). 이들 가산요소들은 우리나라 관세법에서 수용되어 가산요소로 규정되어 있다(관세법 제30조 제1항). 이러한 가산요소들은 모두 국제무역의 거래과정에서 상품의 가격을 구성하는 요소들로서, 경우에 따라서는 상품가격의 일부로서 가격에 직접 포함되기도 하지만 어떤 경우에는 상품의 가격과는 별도로 취급되는 경우가 더 흔한 요소들이다. 구체적으로는 수수료 또는 중개료, 포장비용, 생산지원비, 권리사용료, 사후귀속이익 그리고 운송비 및 운송관련비용 등으로 크게 구분할 수 있다. 그런데 우리가 주의하여야 할 점은 이러한 가산요소들에 대한 외형상의 표현이나 명칭 여부에 관계없이 그 요소들이 지니고 있는 속성과 기능 그리고 당해 거래에서의 역할에 따라 가산요소에 해당하는지 여부를 판단하여야 한다는 점이다.

3. 수입물품 구입에 직접지급된 가격

과세가격결정 원칙인 이른바 제1방법으로 결정한 과세가격인 거래가격은 당해 물품에 대하여 구매자가 실제로 지급하였거나 지급할 가격에 기초하여 정해진다. 이때의 실제로 지급하였거나 지급할 가격이란 구매자가 판매자에게 이미 지급하였거나 향후 지급할 수입물품의 대가를 말한다. 일반적으로 송품장 · 신용장 등의 무역서류에 나타나는 당해 수입물품의 가격과 같다. 그러나 만약 송품장 등에 표시된 가격에 상당하는 금액 외에 다른 형식이나 항목으로 지급하는 당해 물품의 대가가 더 있다면 이 금액도 포함된 총금액이 실제로 지급하였거나 지급할 가격이 된다. 다만 구매자가 지급하는 총금액에 수입물품이 우리나라에 도착한 이후에 발생하는 비용이나 연불수입에 다른 이자비용 등이 포함되어 있는 경우에는 이들 비용은 공제하고 남은 금액을 말한다.

실제지급가격에는 아직 지급되지 않았지만 앞으로 지급할 가격도 포함된다. 따라서 "실제로"라는 말이 실제로 지급된 가격, 즉 구매자가 대금을 지불함으로써 계약을 이행한 경우의 가격만을 지칭하는 것이 아니다. 이때의 실제로 국제무역시장에서 거래된 가격, 즉 실증적인 가격이라는 것이다. 실제지급가격이란 평가대상인 당해 수입물품의 가격을 말하고 가격이란 곧 그 물품의 대가를 화폐가치로 표시한 것이므로 비록 구매자가 판매자에게 지급하는 것이라 할지라도 배당금 등과 같이 당해 수입물품과 관련되지 않는 지급은 제외된다. 반대로 당해 수입물품의 판매조건으로 지급되는 경우는 모두 실제지급가격의 일부가 된다.

본 사례에서는 한국의 수입업자가 지급한 이자비용 등에 관한 요소 등과 같이 송품장 등에 표시된 가격에 상당하는 금액 외에 다른 형식이나 항목으로 지급하는 당해 물품의 대가가 더 없기 때문에 송품장 · 신용장 등의 무역서류에 나타나는 당해 수입물품의 가격이 직접 지급된 가격이라 할 수 있다.

4. 수입물품의 과세가격에 대한 가산요소 산정

수입물품의 과세가격은 당해 물품에 대하여 실제로 지급하였거나 지급하여야 할 가격에 다음에서 설명하는 비용을 가산하여 조정한 거래가격으로 산정될 수 있다. 이때 실제지급가격에 가산할 비용은 반드시 5가지 비용(수수료 및 중개료, 용기 및 포장비용, 생산지원비, 권리사용료, 사후귀속이익)에 한정되어야 하고 또한 각 비용의 가산은 객관적이고 수량화할 수 있는 자료가 없는 경우에는 정확한 거래가격을 결정할 수 없으므로 제1방법을 적용할 수 없다(관세법 제30조 제1항).

1) 통상의 국내운임 · 보험료 및 기타 운송관련비용의 가산

운임 및 보험료 등의 과세가격 포함 여부에 대해서는 우리나라는 CIF 주의를 채택하고 있기 때문에 수입항까지의 운임 및 보험료 그리고 기타 운송관련비용은 과세가격에 포함된다. 그러나 수입항에 도착한 이후에 국내에서 발생된 통상의 운임 및 보험료와 기타 관련비용은 과세가격에 포함될 대상이 아니다.

본 거래의 경우 수입 시의 운임 및 보험료는 제1방법으로 과세가격 산정 시 포함되는 요소로서 송품장상의 수입가격에 운임 및 보험료가격 $2,000를 가산하여야 한다.

2) 사후귀속이익의 가산

수입물품의 대가를 반드시 대가지급의 형식으로 판매자에게 직접 지급하여야 하는 것이 아님은 일반상거래의 경우에서와 다르지 않다. 이 같이 물품의 대가 중 일부를 판매자가 아닌 자에게 지급하거나 물품의 대가가 아닌 다른 명목으로 지급하는 금액이 있다면 이 간접지급금액도 당해 물품의 실제지급가격에 포함된다. 따라서 실제지급가격은 송품장 등에 표시된 가격에 간접지급금액을 더하여 계산되어야 한다. 관세법에서 당해 수입물품의 대가로서 구매자가 판매자에게 지급하였거나 지급할 총금액으로 규정하고 있고 이를 평가협정에서는 구매자가 당해 수입물품에 대하여 판매자에게 판매자의 이익을 위하여 지급하였거나 지급할 총금액으로 정의하고 있다.

간접지급에는 구매자가 당해 수입물품의 대가와 판매자의 채무를 상계하는 금액, 구매자가 판매자의 채무를 변제하는 금액(관세법 제30조 제2항) 외에 다음의 금액도 포함된다(관세법시행령 제20조 제6항). 이를 살펴보면, 첫째 판매자의 요청에 의하여 수입물품의 대가 중 전부 또는 일부를 제3자에게 지급하는 경우 그 지급금액, 둘째 구매자가 당해 수입물품의 거래조건으로 판매자 또는 제3자가 수행하여야 하는 하자보증을 대신하고 그에 해당하는 금액을 할인받았거나 하자보증비 중 전부 또는 일부를 별도로 지급하는 경우 해당금액, 셋째 수입물품의 거래조건으로 구매자가 지급하는 외국훈련비 또는 외국교육비, 넷째 기타 일반적으로 판매자가 부담하는 금융비용 등을 구매자가 지급하는 경우 그 지급금액 등을 들 수 있다.

본 거래에는 2가지의 사후귀속이익이 관계되는 거래라 할 수 있다. 첫째, 재판매와 관련된 사후귀속이익이고, 둘째 해외자회사에게 공급된 가격을 제공함으로써 추후 미국의 수출자에게 지급해야 할 사후귀속이익

부분이다.

(1) 자회사가격으로의 적용혜택에 대한 사후귀속이익

평가협정의 제1조 제1항에서 수입물품의 과세가격은 거래가격으로서 몇 가지 조건을 충족시키는 가격이어야 할 것임을 요구하면서 그 조건 중의 하나로 (다)호에서 "제8조의 규정에 따른 적절한 조정이 이루어질 수 없는 한 구매자에 의한 수입물품의 추후 재판매, 처분 또는 사용에 따르는 수익금의 일부가 직접 또는 간접적으로 판매자에게 귀속되어서는 아니 된다"고 규정하고 있다(관세법 제30조 제3항 제3호).

평가협정이 위와 같이 구매자가 판매자에게 지불하는 거래가격 이외에 판매자에게 사후적으로 귀속되는 수익이 따로 존재하는 경우에는 당초의 거래가격을 과세가격으로 채택하지 아니하도록 하는 이유는 사후귀속이익 때문에 당해 물품에 대한 외형상의 거래가격이 당해 수입물품의 실질적인 상품가치를 제대로 반영하지 못하고 있다고 보기 때문이다. 다시 말하면 계약서나 송품장에 표시되어 있는 거래가격은 사후귀속이익에 의하여 또 그에 해당하는 만큼 축소 또는 왜곡되었다고 보기 때문이다. 따라서 당해 수입물품의 진정한 상품가치는 계약서나 송품장에 표시되어 있는 외형상의 거래가격에 사후귀속이익을 합산한 가격이어야 한다고 규정하고 있는 것이다. 평가협정 제1조 제1항 (다)호에서 거래가격을 적용하기 위해서는 사후이익이 존재하지 않아야 한다고 하면서도 제8조에 의한 가산조정이 가능한 경우에는 예외적으로 거래가격을 채택할 수 있도록 허용하고 있는 것은 이러한 이유 때문이라 할 수 있다.

본 거래에서 자회사가격으로 적용하여 추후 미국의 수출자에게 송금한 사후귀속이익이 총수출물량가격의 5%를 추가로 미국의 쇠고기 수입업자에게 지급하였으므로 총선적물량에 기초한 송품장 가격은 $100×1,000

톤=$100,000이며 이 금액의 5%인 $5,000는 과세가격에 포함되어야 한다.

⑵ 재판매와 관련된 순이익의 사후귀속이익

사후귀속이익으로 고려해야 할 요소는 재판매와 관련된 부분의 문제이다. 재판매함에 따라 얻어진 순이익의 30%를 수출자에게 송금해야 하는 것은 재판매이익금을 미국의 수출자에게 제공하는 사후귀속이익이라 할 수 있다.

그런데 여기서 재판매의 순이익은 관세 및 수입부담금의 금액을 기초로 결정되어야 하는데 수입물품의 과세가격에 의해 결정되는 이 금액은 순이익의 관점에서 결정되어야 한다. 여기서 송품장가격은 $100×1만톤=$10만이다.

3) 기타 조정요소

본 거래에서는 상기의 조정요소 이외에 특별한 언급이 없으므로 본 거래의 조정요소 외에 기타 조정요소는 고려의 대상이 되지 않는다.

5. 과세가격의 결정

상기의 모든 요소들을 고려하여 과세가격으로 결정되어야 할 거래가격을 계산하면 다음과 같다.

1) 거래가격(TP)

거래가격(TP)=송품장가격+운임·보험료+(재판매순이익(P)×0.3)+할인가 제공의 귀속이익 지급분=$10만+$1만+(재판매순이익(P)×0.3)+$10만×0.05(송품가의 5%)

여기서 재판매순이익이 계산되어야 하는데 재판매순이익은 아래와 같이 계산된다.

2) 재판매순이익(P)

재판매순이익(P)=(국내도매판매가+연쇄점판매가)−(송품장가격+수입운송비 및 보험료+국내판매비용+국내운송비+연쇄점판매 절단 및 포장비+관세 및 수입부가금(거래가격의 10%))=($10만+$15만)−($10만+$1만+$5천+$2천+$1천+(0.1×TP)=$25만−$11만8천−0.1TP=$13만2천−0.1TP

3) 재판매순이익(P)을 고려한 실제거래가격

실제TP=$11만5천+0.3($13만2천−0.1TP)=$140,545.55

따라서 상기의 3)번이 실제거래가격으로 계산된 가격이 과세가격으로 결정되어야 할 금액이라 할 수 있다.

〈예제 14〉

수출자의 수출상품 할인이 제공된 거래가격의 조정과 과세가격 결정

1. 서론

2. WTO 관세평가협정과 가격할인

1) 기본방향

2) 가격할인에 대한 권고의견

3) 수량할인에 대한 권고의견

4) 할인에 대한 평가처리의 요약

5) 본 거래할인과 관련된 수입상품 거래가격의 계산

3. 할인가격 외에 고려해야 할 가격의 조정요소

4. 수입물품 구입에 직접지급된 가격

5. 실제지급된 가산할 비용의 종류

1) 운임 · 보험료 및 기타 운송관련비용의 가산

2) 사후귀속이익의 가산

3) 기타 조정요소

6. 과세가격의 계산과 과세가격 결정

1) 거래가격(TP)

2) 재판매순이익(P)

중국에서 유연탄을 수입하는 한국의 수입자 A는 중국의 수입자 B로부터 유연탄 3,000톤을 2개월 내 분할선적하여 FOB조건으로 수입하겠다는 수입계약을 체결하였다. 1차선적분은 톤당 FOB가격 $200로 1,000톤을 1개월 내 수입하였다. 이후 2차선적분 톤당 $200로 2,000톤도 계약기간 내 수입이 완료되었다. 계약조건에 의하면 한국의 수입자 A는 물품가격 외에 수입항까지의 모든 운송관련비용 및 보험료, 관세 및 내국세를 지급하였고 또한 수입국에서 중국 유연탄을 재판매함에 따라 얻어지는 순이익의 20%를 중국의 수출자 B에게 송금한다는 계약을 체결하였다. 그런데 중국의 수출자 B는 외국의 고객 확보를 위해 외국의 수입자가 수입하는 유연탄의 양에 따라 유연탄의 가격표에서 2,000톤 이상의 수입액에 대해서는 3%의 수량할인판매정책을 취하고 있다. 한국의 수입자는 이러한 중국 유연탄 수출업체의 할인가격정책에 따라 수입하는 수입규모에 대해 수량할인을 받을 수 있다는 계약을 체결하였다. 아래의 조건하에서 과세가격을 결정하기 위한 거래가격을 조정하면 실제 본 거래에서 계산되는 과세가격이 얼마인지를 설명하시오.

1. 한국의 수출자 B는 중국의 수출자 A로부터 유연탄을 수입하여 국내에 재판매하고 있는 수입업체이다. 한국의 수입업체 B는 동 제품을 수입함에 있어 매 거래에 있어서 거래조건은 FOB조건으로 체결된 계약조건이다.
2. 중국의 수출자 B는 수출수량이 1,000톤~2,000톤 이하의 경우에는 현금할인 10%를 제공하고 2,000톤~4,000톤 이하일 경우 10%의 현금할인을 제공한다. 한편 한국의 수입자 A는 중국에서 품질 높은 유연탄을 제공받는다는 이유로 한국 수입자가 한국 내 유연탄 재판매로 인한 총이익의 5%를 중국의 수출자 B에게 송금하기로 하였다.
3. 중국의 수출자 B는 향후 한국의 수입자 A와 장기계약을 추진하기 위해 한국의 수입자 B가 계약기간 동안 유연탄 수입량을 2,000톤을 초과하여

수입하는 경우 한국의 수입자에게 추가 3%의 수량할인을 제공하는 것으로 하였다.

4. 중국의 수출자 B와의 계약서에는 재판매가격은 명기하지 않았고 다만 순이익은 모든 재판매가격에서 판매를 위한 모든 직접비용은 공제하거나 경영상의 간접비는 공제하지 않는 것으로 결정된다고 계약하였다.
5. 본 유연탄 수입 시에 한국의 수입자 A는 중국의 유연탄 수출자 B와 유연탄 일정량을 국내도매상 C에게 일정가격으로 판매하는 계약을 맺었다.
6. 유연탄을 수입한 한국의 수입자 A는 한국 내 상대방인 구매자와 특수관계에 있지 않다.
7. 중국의 수출지에서 한국의 수입항까지의 운임 및 보험료는 해당 관련업체를 통해 계약한 바 1차선적분은 총 $2,000, 2차선적분에 대해서는 총 $3,000가 지출되었다.
8. 관세 및 수입부담금은 과세가격의 10%이다.
9. 국내 재판매를 위한 국내운송비는 국내운송업자와 2차례의 선적분 총수입량에 대해 국내 운송업자에게 $20,000 지급하기로 계약하였으며 그 외 이들 2차례의 선적분에 해당되는 물량을 국내판매하기 위한 직접비 성격의 총판매비용으로 $80,000가 지출되었다.
10. 한국의 수입자 A가 국내도매상에 재판매한 가격은 톤당 $300로 3,000톤 판매하였다.
11. 한국의 수입자 A가 유연탄을 국내 재판매한 결과 이들 거래로부터 발생한 재판매순이익은 도매상과의 거래가 전부이고 기타의 다른 판매루트를 통한 국내 재판매는 없다.
12. 수입국인 한국에서는 CIF조건을 기초로 평가협정을 적용한다.

1. 서론

할인이란 일반적으로나 정상적으로 판매되는 가격에서 일정가격에 해당하는 부분을 덜어내줌으로써 구매자의 물품구매대금에 대한 부담을 완화시켜주는 것을 말한다. 미국 관세청에서 발간한 국제무역용어집에서는 할인을 "상품 또는 금융증권의 원래 가격보다 낮은 가격으로 판매하는 것을 말하여, 보통은 즉시 지불에 적용된다"라고 설명하고 있다. 판매자는 마케팅 차원에서 다양한 가격할인정책을 구사하게 되는데, 예를 들면 구매량, 시기, 대금지불방식 등에 따라 가격을 할인하는 정책 등이 그것이다.

가격할인정책의 구체적 유형을 살펴보면, 현금으로 대금을 지불하는 고객에게 가격을 할인해주는 현금할인, 대량구매고객에게 가격을 할인해주는 수량할인, 유통업자 등 특정 기능을 수행한 사람에게 가격을 할인해주는 기능할인 제품의 비수기에 가격을 낮춤으로써 수요를 유발하고자 하는 계절할인, 구매대금을 미리 지불함에 따라 이에 대한 보상차원에서 제공하는 대금선불할인 등이 있다. 그러나 이런 할인 유형들은 모두 판매자가 구매자에게 가격할인을 제공하는 이유 또는 배경에 따라 구분하는 것으로 궁극적으로는 물품가격의 하향조정, 즉 가격할인으로 귀결되게 된다. 이러한 관점에서 부품가격은 일반적 기준(price list)에 따라 책정하고 공급수량을 더 제공해주는 덤과는 구별된다. 관세평가와 관련하여 이러한 가격할인이 문제가 되는 이유는 수출판매된 물품에 일정규모의 가격할인이 관련되어 있는 경우 이를 실제로 지불하였거나 지불하여야 할 금액에 포함시켜야 할 것인지 아니면 할인된 실제 현상을 그대로 수용하여 과세가격을 결정할 것인지가 관세평가에 있어서 중요한 판단요소가 될 수 있기 때문이다.

이와 같은 다양한 유형의 할인에 대하여 WCO나 미국, EU 및 일본 등에서는 현금할인, 수량할인, 계절할인, 대금선불할인 등의 경우에는 가격할인 제공의 근거가 명확하고 실제로 그에 따라 수입물품의 대금이 지불되고 있는 경우에는 계약당사자 간의 거래실질을 존중하고 이를 폭넓게 관세평가과정에서 반영하여 과세가격에서 제외하는 경향을 보이고 있다. 다만 기능할인의 경우에는 별다른 운영사례가 보이지 않고 있는바, 기능할인은 그 본질이 구매자가 특정 기능이나 업무를 수행함으로써 그에 대한 보상적으로 판매자가 구매자에 대하여 제공하는 것이므로 앞에서 열거한 일반적인 유형의 가격할인과는 달리 판단하여야 할 부분이 있다. 즉, 이러한 기능할인을 제공받기 위하여 구매자가 수행하게 되는 특정 기능이나 업무가 관세평가협정 제8조(관세법 제30조 제1항 단서 부분)에 해당하는 경우라면 그에 해당하는 만큼은 송품장이나 계약서상에 표시된 거래가격에 가산조정되어야 할 것이기 때문이다.

2. WTO 관세평가협정과 가격할인

1) 기본방향

관세평가협정의 본문이나 주해 등 어디에서도 가격할인과 관련된 규정이나 해석을 구체적으로 두고 있지 않다. 그러나 거래당사자 간의 거래실질을 최대한 존중한다는 평가협정의 기본원칙 측면에서 보면 당사자 간에 합의된 거래가격이 기존에 거래되던 가격이나 다른 사람에게 판매된 가격에 비교하여 낮거나 할인된 가격이라고 하여 이를 무조건 부인하고 실거래 가격을 판단 결정함에 있어서 할인된 부분을 거래가격에 가산하여 조정하는 것은 평가협정의 취지에 부합되지 않는다. 세계관세기구에서는 3가지의 권고의견(협정하에서의 현금할인의 처리) 5.1, 5.2, 5.3

을 제시하고 있다.

2) 가격할인에 대한 권고의견

권고의견 5.1에서는 ① 수입물품 과세가격 결정 이전에 구매자가 판매자에 의해 제안된 현금할인을 이용한 경우 이 현금할인을 수입물품의 거래가격 결정 시 인정할 수 있을 것인가에 대해, ② 관세평가기술위원회는 다음과 같은 견해를 표명한다. 즉, 평가협약 제1조에서의 거래가격은 수입물품의 대가로 실제 지불하였거나 지불하여야 할 가격이기 때문에 현금할인 금액은 거래가격 결정 시 허용되어야 하는 것이다.

권고의견 5.2에서는 ① 판매자의 제안에 의한 현금할인은 이용가능하나 평가시점까지 아직 물품에 대한 대가지불이 행해지지 않은 경우 협정 1.1(b)에서 규정하고 있는 성립요건(가격으로 결정할 수 없는 조건 또는 고려사항이 없어야 함)으로 인해 판매가격을 거래가격으로 이용할 수 있는가에 대해 ② 관세평가기술위원회는 다음과 같은 견해를 표명한다. 현금할인이 이용가능하지만 평가시점에서 지불이 이루어지지 않아 아직 이용되지 않았다는 점이 협정 규정 1.1(b)의 규정이 적용된다는 의미는 아닌 것이므로 협정하에서 판매가격을 거래가격으로 사용하는 것을 배제할 아무런 이유가 없다고 해석하고 있다.

권고의견 5.3에서는 ① 현금할인이 구매자에 의해 이용가능하지만 평가시점에서 지불이 이루어지지 않은 경우 협정 제1조에 따른 거래가격의 기초는 어떤 금액이 되어야 하는가에 대해 ② 관세평가기술위원회는 다음과 같은 견해를 표명한다. 즉, 현금할인이 이용가능하지만 평가 시 지불이 이루어지 않은 경우에는 수입자가 물품구입 대가로 지불해야 할 총금액이 제1조의 거래가격이 되어야 하는 것이다. 무엇이 지불되어야 할 금액인가를 결정하는 절차는 경우에 따라 다양할 것인바, 예를 들면 상업

송장에 나타나 있는 기술만으로 충분한 거증자료로서 받아들여질 수도 있을 것이고 또한 수입자의 가격신고서에 얼마를 지불해야 할 것인가 하는 사항이 역시 받아들여질 수 있는 기초가 될 수 있을 것이다. 이 경우 협정 제13조(면허전 반출제도) 및 제17조(관세당국의 확인 권한) 규정을 적용하여 심사해볼 필요가 있을 것으로 해석하고 있다.

3) 수량할인에 대한 권고의견

권고의견 15.1에서는 수량할인에 대해 해석하고 있는데 ① 수량할인은 일정기간 동안 구매된 수량에 따라서 판매자가 고객에게 물품가격에서 공제하여 준 금액이다. ② GATT 평가협정에는 수입물품에 대한 실제지급금액이 협정 제1조에 의거한 과세가격 결정의 유효한 기초가 되는지 결정할 때 표준수량을 고려하여야 하는가에 대하여는 규정된 바가 없다. ③ 따라서 관세평가 목적상 중요한 것은 물품이 수입국에 수출판매될 때 평가물품의 단위가격을 결정하는 수량인 것이다. 수량할인은 판매자가 판매된 물품의 수량에 기초한 고정가격표에 따라 판매물품의 가격을 인정하는 경우에만 발생한다. 할인은 크게 두 범주로 나누어진다. 첫째, 물품수입 이전에 할인이 결정되는 경우, 둘째 물품수입 이후에 할인이 결정되는 경우이다. ④ 이러한 고려사항은 다음의 사례로 설명된다. 일반사실로서 설명될 수 있는 것으로 판매자가 일정한 기간, 즉 역년 이내에 구매된 물품에 대하여 수량할인(1~9개: 없음, 10~49개: 5%, 50개 이상: 8%)을 제의한 것이 명백하게 입증되어 있고 위 할인에 덧붙여 3%의 추가할인이 일정기간 말에 동 기간 중 구매된 전체 수량에 따라 소급 계산하여 인정되는 것으로 결정되어 있다면 상기의 처음 수량할인에 덧붙여 3%의 추가할인이 일정기간 말에 동 기간 중 구매된 전체수량에 따라 소급계산하여 인정한다.

4) 할인에 대한 평가처리의 요약

첫째, 현금할인 금액은 거래가격 결정 시 인정되어야 한다. 둘째, 평가시점까지 대가지불이 행해지지 않은 경우 거래대금의 미지불을 이유로 할인된 가격을 거래가격으로 사용하는 것을 배제해서는 아니 된다. 셋째, 현금할인의 이용이 가능하나 평가 시 미지불 상태인 경우 구매자가 지불해야 할 총금액이 과세가격의 기초가 되어야 하며, 필요하다면 평가협정 제13조(면허전 반출제도) 및 제17조(관세당국의 확인 권한)의 적용을 고려할 필요가 있다. 넷째, 수량할인의 경우 그 근거와 사유가 객관적으로 입증 또는 확인되는 경우에는 할인된 가격이 과세가격 결정의 토대가 된다. 다섯째, 수량할인의 적용은 관세평가 대상이 되는 당해 선적분에 대하여 적용되어야 하며, 당해 선적분에 적용하는 할인약정을 그에 앞서 선적된 물품에 소급적용할 수 없다. 위에서 살펴본 바와 같이 WTO관세평가협정에서는 비록 할인의 처리와 관련된 직접적인 명문의 규정은 없으나 동 협정의 운용 및 관리의 주체라 할 수 있는 WCO의 권고의견 등을 통하여 살펴볼 때 가격할인 중 현금할인이나 수량할인에 대하여는 기본적으로 이를 인정하고 거래가격에서 제외하는 것을 원칙으로 하고 있음을 알 수 있다.

5) 본 거래할인과 관련된 수입상품 거래가격의 계산

(1) 현금할인에 관한 부분

본 거래 건에서 1차선적분 톤당 200달러로 1,000톤 수입분 가격 20만달러에 대해 가격할인 10%를 적용하면 18만달러($20만－$2만)가 수입상품의 거래가격이라 할 수 있다. 2차선적분에 대해서는 톤당 200달러로

2,000톤 수입가격은 40만달러이며 이에 대해 가격할인 15%를 적용하면 $34만($40만−$6만)가 상품의 수입가격이라 할 수 있다. 따라서 본 계약에 거래된 총상품의 거래가격은 52만달러이다(1차수입분 $18만+2차수입분 $34만).

(2) 수량할인에 관한 부분

중국의 판매자가 일정한 기간, 즉 동일년도 이내에 판매된 상품에 대하여 수량할인(2,000개 이하: 없음, 2000개 이상: 추가 3% 수량할인)이 거래계약 이전에 확정되어 있다. 이것은 기존의 현금할인에 덧붙여 3%의 추가할인이 일정기간 말에 동 기간 중 구매된 전체 수량에 따라 소급계산하여 인정되어야 한다. 따라서 실제 2차선적을 통하여 수입된 총 3,000개에 대하여 3%의 추가할인이 이루어진다면 추가되는 수량할인 금액은 1.8만달러이다($60만×3%).

(3) 가격할인총액(현금할인+수량할인)을 고려한 상품의 거래가격

본 거래에서 현금할인하여 결정된 상품거래가격 52만달러에 수량할인 금액 1.8만달러를 빼면 50만2천달러가 실제 상품의 거래가격이 된다.

3. 할인가격 외에 고려해야 할 가격의 조정요소

수입물품의 과세가격은 당해 물품을 이전받는 대가로 구매자가 판매자에게 실제로 지불하였거나 지불하여야 할 가격을 협정 제8조의 규정에 따라 추가해야 할 사항들을 가산하여 조정한 가격이어야 한다. 국제무역의 거래현장에서 이루어지는 수출판매의 형태는 매우 다양하고 계약조건의 내용도 각양각색이기 때문에 수출판매 협상의 결과로 구매자와 판매자 간에 합의된 가격은 동일한 물품이라 할지라도 각각의 제약이 구성요소나 내용 면에서 동일하게 이루어질 수는 없다. 예를 들면, 어떤 거래에서는 구매자와 판매자가 직접 협상을 진행하여 계약이 체결되었고, 또 다른 거래에서는 판매자가 직접 협상에 나서지 않고 판매대리인을 통하여 구매자와의 수출판매 계약이 이루어졌다면 전자의 경우에 비하여 후자의 경우에는 판매대리인에 대한 보수가 추가로 소요되게 된다. 그런데 이러한 판매대리인에 대한 보수를 판매자가 지급하게 된다면 그 비용을 물품가격에 전가되어 수출판매 계약에 따른 거래가격의 일부로 계약이 이루어지게 되겠지만, 만약 판매대리인의 활동이 수입국 내에서 이루어지기 때문에 편의상 구매자가 이를 부담하는 조건으로 매매계약이 체결되었다면 이때의 거래가격에는 판매대리인에 대한 보수가 포함되지 않은 가격으로, 즉 판매자가 부담할 때에 비하여 그만큼 낮은 가격으로 계약이 이루어지게 될 것이다.

따라서 통상적인 국제무역의 관례에 비추어 일정한 요소들에 대하여는 이것들이 거래가격결정의 요소로 기능하고 있음에도 불구하고 구매자가 판매자에게 실제로 지급하거나 지급하여야 할 가격에 포함되어 있지 않았다면 이를 포함시키도록 하는 조치가 필요한 것이다.

그렇다면 어떠한 요소에 해당하는 비용을 포함시키고 어떠한 요소에 해당하는 비용은 포함시키지 않을 것인가의 문제가 제기된다. 실제로 국제적으로 거래되는 대상물품도 엄청나게 다양하고 이들 물품의 수출판매가격을 구성하는 요소도 헤아릴 수 없을 만큼 많으며, 계약조건의 책정방법도 각양각색이기 때문에 이러한 요소들을 모두 검토하는 것은 사실상 불가능에 가까운 일이다. 또한 어떤 것을 포함시키고 어떤 것을 제외시킬 것인가 하는 문제는 도덕적이거나 자연법상의 당위성의 문제가 아니라 국제무역의 관행과 관습을 고려하고 각국 정부 간의 협상과 타협에 의해 결정하여야 하는 정책적 결정사항이자 타협의 산물이라 할 수 있다. 관세평가협정 제8조에 규정된 가산요소들은 바로 이와 같은 차원에서 관세평가협의의 제정 과정에서 협정당사국들이 상호 협의하여 거래가격에 가산하도록 결정한 필요 최소한의 요소들이라 할 수 있다. 우리나라 관세법의 제30조 제1항에서 이들 가산요소들에 대하여 열거하고 있다.

과세가격을 결정함에 있어 거래당사자 간에 약정된 거래가격의 구성요소로서 구매자가 판매자에게 지불하였거나 지불하여야 할 가격에 가산하여 조정할 수 있는 요소는 반드시 협정 제8조에 규정되어 있는 요소들의 비용에 국한되어야만 한다(평가협정 제8조 제4항). 이들 가산요소들은 우리나라 관세법에서 수용되어 가산요소로 규정되어 있다(관세법 제30조 제1항). 이러한 가산요소들은 모두 국제무역의 거래과정에서 상품의 가격을 구성하는 요소들로서, 경우에 따라서는 상품가격의 일부로서 가격에 직접 포함되기도 하지만 어떤 경우에는 상품의 가격과는 별도로 취급되는 경우가 더 흔한 요소들이다. 구체적으로는 수수료 또는 중개료, 포장비용, 생산지원비, 권리사용료, 사후귀속이익 그리고 운송비 및 운송관련비용 등으로 크게 구분할 수 있다. 그런데 우리가 주의하여야 할 점은 이러한 가산요소들에 대한 외형상의 표현이나 명칭 여부에 관계없이 그 요소들이 지니고 있는 속성과 기능 그리고 당해 거래에서의 역할에 따라 가산요소에 해당하는지 여부를 판단하여야 한다는 점이다.

4. 수입물품 구입에 직접지급된 가격

과세가격결정 원칙인 이른바 제1방법으로 결정한 과세가격인 거래가격은 당해 물품에 대하여 구매자가 실제로 지급하였거나 지급할 가격에 기초하여 정해진다. 이때의 실제로 지급하였거나 지급할 가격이란 구매자가 판매자에게 이미 지급하였거나 향후 지급할 수입물품의 대가를 말한다. 일반적으로 송품장 신용장 등의 무역서류에 나타나는 당해 수입물품의 가격과 같다. 그러나 만약 송품장 등에 표시된 가격에 상당하는 금액 외에 다른 형식이나 항목으로 지급하는 당해 물품의 대가가 더 있다면 이 금액도 포함된 총금액이 실제로 지급하였거나 지급할 가격이 된다. 다만 구매자가 지급하는 총금액에 수입물품이 우리나라에 도착한 이후에 발생하는 비용이나 연불수입에 다른 이자비용 등이 포함되어 있는 경우에는 이들 비용은 공제하고 남은 금액을 말한다.

실제지급가격에는 아직 지급되지 않았지만 앞으로 지급할 가격도 포함된다. 따라서 "실제로"라는 말이 실제로 지급된 가격, 즉 구매자가 대금을 지불함으로써 계약을 이행한 경우의 가격만을 지칭하는 것이 아니다. 이때의 실제로 국제무역시장에서 거래된 가격, 즉 실증적인 가격이라는 것이다. 실제지급가격이란 평가대상인 당해 수입물품의 가격을 말하고 가격이란 곧 그 물품의 대가를 화폐가치로 표시한 것이므로 비록 구매자가 판매자에게 지급하는 것이라 할지라도 배당금 등과 같이 당해 수입물품과 관련되지 않는 지급은 제외된다. 반대로 당해 수입물품의 판매조건으로 지급되는 경우는 모두 실제지급가격의 일부가 된다. 앞서 제시된 본 거래에서는 한국의 수입업자가 송품장 등에 표시된 가격에 상당하는 금액 외에 다른 형식이나 항목으로 지급하는 당해 물품의 대가가 더 없기 때문에 송품장, 신용장 등의 무역서류에 나타나는 당해 수입물품의 가격이 직접 지급된 가격이라 할 수 있다.

5. 실제지급된 가산할 비용의 종류

수입물품의 과세가격은 당해 물품에 대하여 실제로 지급하였거나 지급하여야 할 가격에 다음에서 설명하는 비용을 가산하여 조정한 거래가격으로 산정될 수 있다. 이때 실제지급가격에 가산할 비용은 반드시 5가지 비용(수수료 및 중개료, 용기 및 포장비용, 생산지원비, 권리사용료, 사후귀속이익)에 한정되어야 하고 또한 각 비용의 가산은 객관적이고 수량화할 수 있는 자료가 없는 경우에는 정확한 거래가격을 결정할 수 없으므로 제1방법을 적용할 수 없다(관세법 제30조 제1항).

1) 운임 · 보험료 및 기타 운송관련비용의 가산

운임 및 보험료 등의 과세가격 포함 여부에 대해서는 우리나라는 CIF 주의를 채택하고 있기 때문에 수입항까지의 운임 및 보험료 그리고 기타 운송관련비용은 과세가격에 포함된다. 그러나 수입항에 도착한 이후에 국내에서 발생된 통상의 운임 및 보험료와 기타 관련비용은 과세가격에 포함될 대상이 아니다. 본 거래의 경우 수입 시의 운임 및 보험료는 제1방법으로 과세가격 산정 시 포함되는 요소로서 송품장상의 수입가격에 1차선적분 운임 및 보험료가격 $2,000, 2차선적분 운임 및 보험료가격 $3,000를 가산하여야 한다. 총 $5,000가 가산되어야 한다.

2) 사후귀속이익의 가산

수입물품의 대가를 반드시 대가지급의 형식으로 판매자에게 직접 지급하여야 하는 것이 아님은 일반상거래의 경우에서와 다르지 않다. 이 같이 물품의 대가 중 일부를 판매자가 아닌 자에게 지급하거나 물품의 대가가 아닌 다른 명목으로 지급하는 금액이 있다면 이 간접지급금액도 당해 물품의 실제지급가격에 포함된다. 따라서 실제지급가격은 송품장 등에 표시된 가격에 간접지급금액을 더하여 계산되어야 한다. 관세법에서 당해 수입물품의 대가로서 구매자가 판매자에게 지급하였거나 지급할 총금액으로 규정하고 있고 이를 평가협정에서는 구매자가 당해 수입물품에 대하여 판매자에게 판매자의 이익을 위하여 지급하였거나 지급할 총금액으로 정의하고 있다.

간접지급에는 구매자가 당해 수입물품의 대가와 판매자의 채무를 상계하는 금액, 구매자가 판매자의 채무를 변제하는 금액(관세법 제30조 제2항) 외에 다음의 금액도 포함된다(관세법시행령 제20조 제6항). 이를 살펴보면, 첫째 판매자의 요청에 의하여 수입물품의 대가 중 전부 또는 일부를 제3자에게 지급하는 경우 그 지급금액, 둘째 구매자가 당해 수입물품의 거래조건으로 판매자 또는 제3자가 수행하여야 하는 하자보증을 대신하고 그에 해당하는 금액을 할인받았거나 하자보증비 중 전부 또는 일부를 별도로 지급하는 경우 해당금액, 셋째 수입물품의 거래조건으로 구매자가 지급하는 외국훈련비 또는 외국교육비, 넷째 기타 일반적으로 판매자가 부담하는 금융비용 등을 구매자가 지급하는 경우 그 지급금액 등을 들 수 있다. 본 거래에는 한국의 수입업자 B가 국내 재판매로 인한 수익의 일정액을 중국의 수출자에게 사후귀속이익으로 지급하는 거래를 과세가격에 포함시켜야 한다. 이것은 재판매와 관련된 사후귀속이익의 문제로 반드시 과세가격을 구성하는 중요한 요소가 된다.

사후귀속이익으로 고려해야 할 요소는 재판매와 관련된 부분의 문제이다. 재판매함에 따라 얻어진 순이익의 5%를 수출자에게 송금해야 하는 것은 재판매이익금을 중국의 수출자에게 제공하는 사후귀속이익이라 할 수 있다.

그런데 여기서 재판매의 순이익은 관세 및 수입부담금의 금액을 기초로 결정되어야 하는데 수입물품의 과세가격에 의해 결정되는 이 금액은 순이익의 관점에서 결정되어야 한다. 여기서 송품장가격은 앞서 현금할인과 수량할인을 제외한 수입상품가격 50만2천달러이다. 한국의 수입업자가 유연탄을 국내 판매액은 90만달러이다(톤당 $300×3,000톤). 국내 판매 이익금을 계산하기 위해서는 국내판매액 90만달러에서 공제해야 할 요소들은 수입상품가격과 해외운송비와 송품장가격+수입운송비 및 보험료+국내판매비용+국내운송비+관세 및 수입부가금(거래가격의 10%) 등의 합이다.

3) 기타 조정요소

본 거래에서는 상기의 조정요소 이외에 특별한 언급이 없으므로 본 거래의 조정요소 외에 기타 조정요소는 고려의 대상이 되지 않는다.

6. 과세가격의 계산과 결정

상기의 모든 요소들을 고려하여 과세가격으로 결정되어야 할 거래가격을 계산하면 다음과 같다. 그런데 거래가격을 결정하기 위해서는 재판매순이익에 대한 고려를 하고 이 부분에 대한 거래가격과의 관계가 계산되어져야 한다. 거래가격(TP)과 재판매순이익(P)의 관계를 기술하고 이들 관계에서 도출되는 거래가격을 계산하면 다음과 같다.

1) 거래가격(TP)

거래가격은 수입송품장가격, 운임보험료, 재판매순이익 귀속이익분을 합하여 결정되어진다. 이를 계산하면 아래와 같다.

수입송품장가격+운임 · 보험료+귀속이익(재판매순이익(P)×0.3)
=$50.2만+$0.5만+(재판매순이익(P)×0.3)

여기서 재판매순이익이 계산되어야 하는데 재판매순이익은 아래와 같이 계산된다.

2) 재판매순이익(P)

재판매순이익은 물품을 수입하여 국내시장에서 판매하는 가격에서 수입원가를 차감하여 계산할 수 있다. 수입원가는 수입 시 수출자가 제공한 할인을 고려하여 실제 물품을 수입한 가격과 수입을 위한 운송비 및 보험료, 관세 및 수입부가금, 국내판매를 위한 운송비, 국내판매비용을 차감하여 재판매수익을 계산할 수 있다, 이를 나타내면 아래와 같다.

(국내판매가)−(송품장가격+수입운송비 및 보험료+국내 판매비용+국내운송비+관세 및 수입부가금(거래가격의 10%))=($90만)−($50.2만+$0.5만+$8만+$2만+(0.1×TP))=$90만−$60.7만−0.1TP=$29.3만−0.1TP

따라서 상기 거래관계에서 과세대상이 되는 거래가격(TP)은 최종적으로 다음과 같이 계산된다.

TP=$50.7만+0.3($29.3만−0.1TP)=$59.49만+0.03TP=$61.33만

따라서 상기의 방법은 한국의 수입자가 할인판매를 통해 유연탄을 수

입하고 이를 국내구매자에게 재판매하는 경우 수입상품의 거래가격을 계산한 것이다. 이러한 방법으로 계산된 수입품의 거래가격은 61.33만달러라 할 수 있다.

[저자소개]

박형래

- 동아대학교 법경대학 무역학과 졸업(경영학사 1979)
- 고려대학교 대학원 무역학과 석사과정 졸업(경영학 석사 1981)
- 고려대학교 대학원 무역학과 박사과정 졸업(경영학 박사 1988)
- 고려대학교 경영대학 강사 및 고대기업경연연구소 연구원(1984~1988)
- 강릉대학교 기획연구처장(1997~1998)
- 영국 Oxford University, Wolfson College, Vsiting Scholar(1997)
- 미국 University of Colorado-Boulder, Visiting Scholar(2001~2003) : LG연암문화재단 해외연구교수 지원
- 일본 후쿠이 현립대학교 연구교수(2001)
- International Atlantic Economic Society, Member(1999~2004 현재)
- 현) 강릉대학교 사회과학대학 무역학과 교수
  - 한국관세학회장(2010), 한국무역통상학회장(2014), 한국무역학회 부회장 및 한국무역학회 편집위원장
  - 국무총리실 조세심판원 심판관(관세심판부 비상임, 2011~현재)
  - 기획재정부 관세심의위원회 심의위원(2012~현재), 기획재정부 국세예규심의위원회 심의위원(2012~현재)
  - 기획재정부 조세개혁추진위원회 심의위원(2012~현재)
  - 기획재정부 국세예규심사위원회 심의위원(2012~현재)기획재정부 보세관세제도위원회 위원(2019~현재)
  - 지식경제부 무역위원회 정책평가 위원(2003~2005)
  - 법제처 전문심리위원(경제 · 기업/국제거래/반덤핑업무 분야), 2008~현재
  - 관세청 관세행정발전심의위원회 위원(2009~2010)
  - 관세청 품목분류포럼 연구위원(2017~현재)
  - 관세청 법인심사대상 선정심의위원회 위원(2019~현재)
  - 관세청 관세심사위원회 심의위원(2013~현재)
  - 관세청 9급, 7급 공무원 공개시험 출제위원 및 선정위원, 관세청 5급 승진시험 출제위원, 행정고등고시 출제위원
  - 관세사 시험 출제 및 선정위원

[주요저서]

- 관세론, 도서출판 두남, 2006.
- 세계경제와 국제통상(공저), 무역경영사, 2001.
- 산업피해구제와 대외무역법, 도서출판 두남, 2009.
- 국제무역환경론, 도서출판 청람, 2010.
- 국제무역개론, 도서출판 청람, 2010.
- 국제통상분쟁사례의 이해, 도서출판 청람, 2010.
- HS품목분류, 도서출판 청람, 2014.
- 관세법, 도서출판 청람, 2017.

[주요논문]

- 무역위원회의 긴급수입제한조치, 반덤핑관세, 상계관세조치의 의사결정과정에 관한 실증적 연구 : 한국무역학회, 무역학회지 1996.

- WTO협정과 농산물협상의 쟁점에 관한 연구, 한국관세학회, 관세학회지 2000.
- WTO국제규범과 우리나라 반덤핑제도와의 조화, 한국관세학회, 관세학회지 2001 외 40여 편
- USITC의 대아시아 개도국 반덤핑, 상계관세조치의 의사결광과정에 관한연구, 한국무역학회, 무역학회지 2004.
- 전자적 형태의 무체물 국제인터넷거래의 관세부과 쟁점과 과세모델, 2007.
- 기초원재료납세증명서의 과다 발급 시 추징 전 정정의 가능성 여부에 대한 연구, 한국관세학회, 관세학회지 2009. 12.
- The Effects of Foreign Antidumping on the Value of Korean Firms, The Journal of Customs and Trade, Korea Research Society for Customs, 2009.
- A Study on the Optimal Passenger's Inspection Ratio, The Journal of Customs and Trade, Korea Research Society for Customs, 2009.
- 주요국의 주기적 신고제도 및 신고세관 선택제도 도입실태 연구, 한국관세학회, 관세학회지 2010.
- WCO 교토협약의 주기적 신고제도 및 신고세관 선택제도에 관한 고찰, 한국관세학회, 관세학회지 2010. 5.
- 탄력관세제도 효과 제고와 새로운 관세율제도 도입가능성 연구, 조세연구원 2012. 8.
- 기능단위기계 품목분류 실무상의 유의점에 관한 연구, 한국관세학회, 관세학회지 2013. 5.
- 한 · 중 FTA의 원산지 협정 제정에 관한 연구, 무역통상학회, 무역통상학회지 2013. 8.
- HS품목분류 결정요소와 법적 지위에 관한 고찰, 한국무역통상학회, 무역통상학회지 2013. 9.
- Korea's Alternatives for the Korea–China–Japan FTA and Regional Comprehensive Economic Partnership Negotiations, KRAIC, Journal of Trade and Commerce, 2013. 외 다수
- 국제무역거래에 있어서 품목분류의 난해성에 관한 연구, 한국관세학회, 관세학회지 2014. 2.
- 한 · EU FTA 특혜원산지규정의 무역장벽효과에 대한 실증적 연구, 무역통상학회지 2014. 3.
- 국제무역거래에 적용되는 HS품목분류표 해석과 번역오류에 관한 연구, 무역통상학회지 2015. 5.
- 품목분류 사전심사제도의 적용과 한계에 관한 사례연구, 무역통상학회지 2015. 9.
- 보세구역 내 수입물품 검사 목적 견본품반출운용과 관세 과세여부의 적정성 연구, 무역통상학회지 2016. 6.
- 원산지규정에 있어서 중간재에 대한 개념정립과 실무 적용확대를 위한 방안 연구, 무역통상학회지 2017. 2.
- 관세법상 관세감면의 법적 성격에 관한 고찰, 무역통상학회지 2019. 6.

관세평가예제

2020년 3월 5일 1판 1쇄 인쇄
2020년 3월 10일 1판 1쇄 발행

저　　자 | 박형래
발 행 인 | 이수영
발 행 처 | 도서출판 청람
서울시 마포구 독막로 288(대흥동, 세양상가 109호)
전　　화 | 02)3272-2601~2
팩　　스 | 02)3272-2603
이 메 일 | crbooks@daum.net
홈페이지 | www.crbooks.co.kr
등　　록 | 2000년 8월 26일 제6-0509호

ISBN 978-89-5972-746-9　93320　　[정가 20,000원]